DON BOSCO
VERLAG

Maria Caiati/Svjetlana Delač/Angelika Müller

Freispiel – freies Spiel?

Erfahrungen und Impulse

Don Bosco Verlag

Die Deutsche Bibliothek – CIP-Einheitsaufnahme

Caiati, Maria:
Freispiel – freies Spiel? : Erfahrungen und Impulse /
Maria Caiati ; Svjetlana Delač ; Angelika Müller. – 9. Aufl. –
München : Don-Bosco-Verl., 2000
ISBN 3-7698-0520-8
NE: Delač, Svjetlana:; Müller, Angelika:

9. Auflage 2000/ISBN 3-7698-0520-8

Zeichnungen: Rudolf Seitz, München
Fotos: A. Müller/S. Delač/M. Caiati
Gesamtherstellung: Don Bosco Grafischer Betrieb, Ensdorf

Gedruckt auf umweltfreundlichem Papier.

Inhalt

Vorwort

Wo fühle ich mich eigentlich wohl? So einfach sich die Frage stellt, so kompliziert ist die Antwort. Es sind sicher verschiedenste Umgebungen, unterschiedlichste Situationen!
Haben sie etwas gemeinsam?
Vielleicht kann man sich einer Antwort annähern?
Zunächst ist sicher, daß die zwischenmenschlichen Kontakte in Ordnung sein müssen. Man muß sich leiden können. Angenommen möchte man sein, so, wie man ist, ohne Verbiegungen und Kapriolen im Rollenspiel.
Das ist wohl die Voraussetzung.
Wenn ich weiterdenke, so mag ich Umgebungen, die anregend sind, von denen viele Impulse ausgehen, von denen ich mich sogar etwas gefordert fühle.
Ich tue nämlich gerne etwas. Ich liebe es, etwas auszuprobieren, ein wenig herumzubauen, zu werkeln. Ich spiele einfach gerne mit Materialien, Objekten, Sachen – ohne daß gleich ein großes Ergebnis herauskommen muß.
Seltsamerweise fällt mir so am meisten ein.
Schwierig ist es am Schreibtisch. Da kann ich bestenfalls Ideen formulieren, die ich schon habe! Einfälle kommen mir anderswo, unterwegs, im Kaufhaus, im Café ...
Eigentlich ist das gar nicht so eigenartig: Kreatives Verhalten setzt divergentes Denken voraus – ein Denken, das nicht in logischen Gedankenketten verläuft, eher in Feldern, die breit gelagert sind.
Damit dieses Denken „in Schwung" kommt, braucht es Anstöße, Impulse – und eben eine Umgebung, die spielerisches Verhalten nicht nur duldet, sondern wünscht.
Im Grunde ist das eine Situation, die sich von der alltäglichen, „normalen" pädagogischen Wirklichkeit deutlich unterscheidet. Dort wird stärker reproduktive Intelligenz gefördert, eine Notwendigkeit, die sich aus den heutigen Lehrplänen ergibt. Das Schwergewicht liegt auf dem rationalen Denken. Für die typischen Eigenschaften kreativer Menschen ist dort nicht soviel Platz, wo Wissensinhalte vordergründiger angestrebt werden als Verhaltensweisen.
Wo werden denn Sensibilität, Flexibilität, Assoziationsfähigkeit, die Fähigkeit, sich etwas auch anders vorstellen zu können, Spontaneität und Originalität wirklich angesteuert und gefördert – und nicht nur in den Präambeln genannt?
Man müßte Lerninhalte, Lernumgebungen, Verfahren und Lehrerverhalten neu definieren.
Das Ergebnis wäre sicher eine Pädagogik, die sich mehr an der Wirklichkeit des Kindes orientiert, seine Motive aufgreift – und eine Erziehergeneration, die mit mehr Spaß und Phantasie den Alltag angeht und erlebt, wie sehr Pädagogik für alle Beteiligten ein Erlebnis ist.
Die Autorinnen dieses Buches wagen so einen Versuch. Ich war immer sehr beeindruckt von der inneren und äußeren Freiheit ihrer Gruppe im Kindergarten an der Alfonsstraße in München. Mit welcher Offenheit gingen die Kinder

auf einen zu, wie selbstverständlich wurde man aufgenommen, mit einbezogen, fast ein wenig abgetastet, ob man auch etwas beitragen könnte. Sie fühlten sich sichtlich wohl.

Der Begriff des Freispiels, wie er hier vorgestellt wird, beinhaltet ein pädagogisches Konzept, das von der Erzieherin hohe Fachkompetenz, wirkliches Engagement und intensive Aufmerksamkeit verlangt. Eigentlich kurios, wie eine Tätigkeit, die Kinder von der Sache her aktiviert, auf Laien so wirken kann, als hätten die Erzieherinnen nichts zu tun! Sind wir wirklich die Erzieherin schon so sehr gewöhnt, die ununterbrochen die Kinder beschäftigt? Das wäre schlimm!

Für Maria Caiati und Svjetlana Delač ist dieses Buch die Konsequenz aus der Arbeit in verschiedenen Forschungsprojekten, einmal dem „Ausländerprogramm" des Instituts für Frühpädagogik und dem Projekt „Ästhetische Elementarerziehung", das ich leiten durfte.

In diesem Projekt ging es darum, Einheiten zu entwickeln, bei denen die Ganzheit des Kindes im Vordergrund steht. Es sollten möglichst viele verschiedene pädagogische Felder miteinander verbunden werden. Dabei gab es Akzente auf dem Gebiet der Wahrnehmungsförderung, der Differenzierung der Feinmotorik der Hand, der Bildsprache, von Spiel und Experiment und der Bildbetrachtung im weitesten Sinne.

Aus diesem Projekt ergaben sich Folgerungen für die praktische Arbeit im Kindergartenalltag. In vielen Gesprächen und Diskussionen wurde das deutlich, vor allem als die Pädagogin Angelika Müller, selbst „gelernte" Erzieherin, zu den beiden stieß.

Das Ergebnis dieser Überlegungen und Erfahrungen liegt hier vor. Ich bin sicher, daß sich jeder Pädagoge, der bereit ist, seinen Alltag zu reflektieren, angestoßen fühlt zu überlegen, ob nicht vieles selbstverständlicher, natürlicher und wirkungsvoller aus den Kindern selbst kommt und kommen könnte, wenn wir nicht unsere Mühe auf Verbalaktionen legen, sondern mit Phantasie und Mut die Umgebung verändern würden, in der Kinder lernen.

Für mich selbst sind das pädagogische Engagement, der hochkünstlerische Ansatz, der Ideenreichtum und die mitreißende Risikobereitschaft der Autorinnen eine Herausforderung.

Ich wünsche dem Buch viele aufmerksame und mutige Leser.

Rudolf Seitz

1. Warum ein Buch über Freispiel?

Unser Kindergarten hat seit einiger Zeit einen besonderen Ruf, der sich in teilweise sehr gegensätzlichen Aussprüchen und Gerüchten niederschlägt. Sogar die Kinder bekommen das anscheinend mit: So sagte ein Kind aus einem anderen Kindergarten, das während dessen Sommerschließung bei uns war: „Gell, bei euch darf man alles tun!"

Dabei sind die Reaktionen weitaus häufiger unsicher als ablehnend (wobei es natürlich sein kann, daß wir Ablehnendes nur nicht zu hören bekommen). Am klarsten kommen die Reaktionen von den Eltern. Wenn diese sich überhaupt äußern, dann häufig erfreut:

– Also, dieses Chaos könnte ich nicht aushalten (positiv gemeint)!

– Bei Euch möchte ich nochmals Kind sein!

– Eure Nerven möchte ich haben, da gehe ich lieber in die Fabrik!.

Und sogar:

– *Der* Kindergarten oder keiner!

Weniger positive Äußerungen der Eltern beziehen sich mehr auf Kindergarten und Freispiel allgemein:

– So schön, wie Ihr es habt, möchte ich es auch einmal haben!

– Morgens pressiert es uns nicht besonders, da spielen die Kinder ja nur!

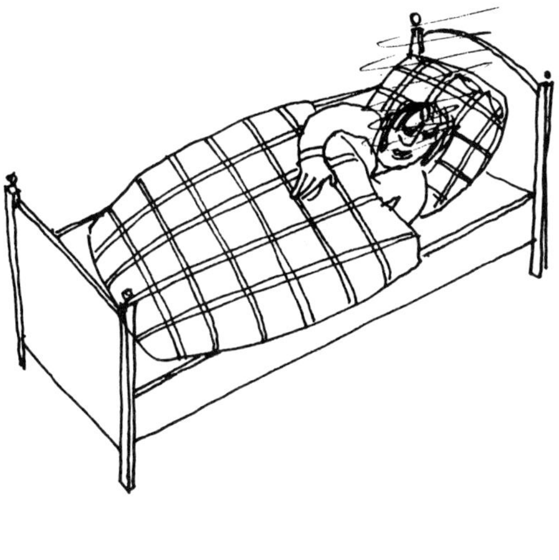

Da das letzte Zitat für viele Mütter spricht, machen wir jedes Jahr einen Einführungselternabend mit dem Thema „Bedeutung des freien Spiels im Kindergarten".

Am verwirrtesten sind die Erzieherinnen und Kinderpflegerinnen, vor allem auch solche, die bei uns zur Aushilfe arbeiten:

– Im Kindergarten an der Alfonsstraße braucht man gar nichts zu tun, *nur* zu beobachten.

– Mir fällt auf, daß Ihr so wenig Tische im Raum habt, wo spielen denn hier die Kinder?

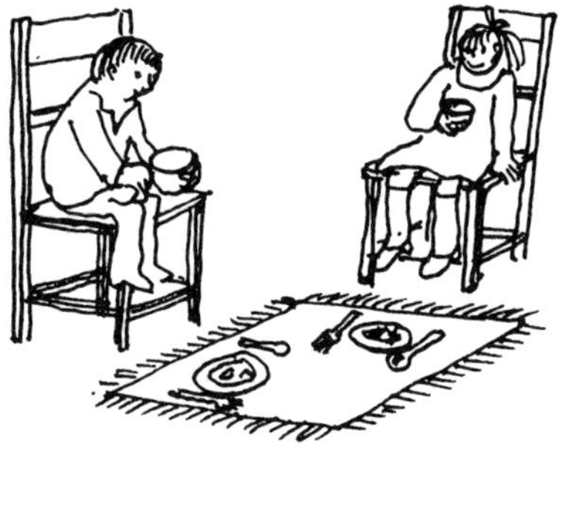

– Was tut Ihr denn eigentlich wirklich?

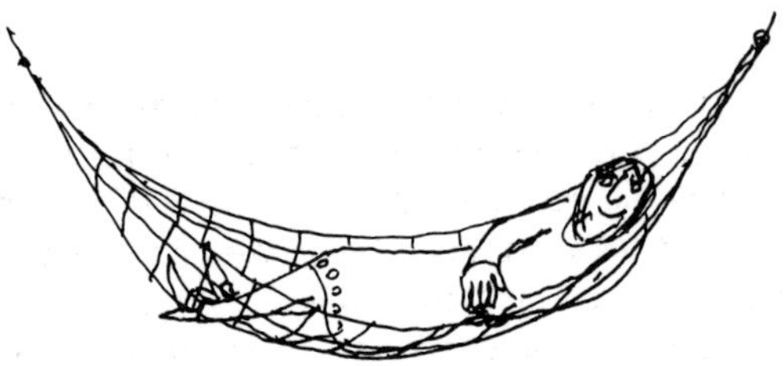

– Man muß doch nebenbei mit den Kindern etwas tun, man kann sie doch nicht nur frei spielen lassen!
– Wie sollen die Kinder eigentlich das Spielen lernen, wenn Ihr bloß immer zuschaut?

– Seid Ihr so etwas Ähnliches wie ein Berliner Kinderladen?
– Was ist denn eigentlich bei Euch anders als bei uns?
– Gibt es bei Euch Regeln, oder dürfen die Kinder alles tun?

Allerdings auch:
– Bei Euch ist es schön, keiner schimpft die Kinder!

Da Berufserziehern am stärksten bewußt ist, daß es sehr unterschiedliche Erziehungsstile und pädagogische Methoden gibt, machen sie am ehesten den Versuch, unseren pädagogischen Arbeitsstil zu erkennen oder zumindest einzuordnen. Und hier gibt es auch die größten Schwierigkeiten.

Zum einen treffen wir, was die Bedeutung des Freispiels betrifft, oft auf wenig Verständnis; es ist im pädagogischen Selbstverständnis häufig immer noch eine Art Restposten an Zeit, während der die Kinder gesammelt werden und die eigentliche Arbeit noch nicht beginnen kann. Zum anderen kommen uns aber auch Lächeln, Unverständnis und Skepsis entgegen, weil es uns in den vielen Gesprächen nicht gelingt, unsere Vorstellungen zu vermitteln. Ein über Jahre gehender Prozeß ist auch in einem längeren Gespräch kaum darstellbar, da eine mündliche Mitteilung Strukturen wenig erkennen lassen kann. Daher hoffen wir, daß dieses Buch dabei eine Hilfe wird: *eine Grundlage für Gespräche* und ein *nachhaltiger Impuls für die Kindergartenpraxis.*

Entstehung

Schon immer hatte ich ein besonderes Interesse am Freispiel der Kinder, jedoch als „Vorschulerzieherin" (1972–1977) dabei meist ein schlechtes Gewissen, wenn ich ihm „zuviel" Bedeutung und Zeit widmete. Andererseits konnte ich mir nicht vorstellen, wie man „spielerische Förderung" und „Eingehen auf die Bedürfnisse der Kinder" besser erfüllen, „soziales Verhalten" und „Selbständigkeit" nachhaltiger erreichen konnte als während und mit Hilfe des Freispiels, wenn die Kinder auf und unter den Tischen spielten, jeden Winkel und alle Ecken zum Spielen ausnützten, mit Decken Höhlen bauten usw. Haben wir vergessen, wo auch wir als Kinder am liebsten spielten? In Kellern, Speichern, Scheunen, Gebüsch, Abstellkammern, Baumlagern usw.! Auch gab mir das Freispiel wichtige und unentbehrliche Informationen über Konflikte, Formen und Probleme der Kontaktaufnahme, Beziehungen, Bedürfnisse. Ich wollte und konnte trotz meines schlechten Gewissens auf ein ausführliches Freispiel nicht verzichten.

Ein erster Anstoß für eine Veränderung meines Erzieherverhaltens, das (trotz Zweifeln) im Grunde immer noch auf die alte Erziehervorstellung der „Förderung" ausgerichtet war, war 1972 ein Erzieherverhaltenstraining der Stadt München (Pädagogisches Institut) unter der Leitung von Wulf Weinmann und Werner Rehbein „mtt – Beratung, Training, Organisationsentwicklung GmbH" im Rahmen einer Fortbildung. Unter anderem wurden wir mit Strukturen der Konfliktregelung vertraut gemacht und arbeiteten gemeinsam die zehn Punkte einer Konfliktregelung aus. Es hörte sich sehr logisch und einfach an, war aber, wie ich bei der praktischen Anwendung lernen mußte, nicht ganz so einfach umzusetzen, sondern verlangte einen langen Übungs- und Bewußtseinsprozeß. Heute sind mir diese Lernerfahrungen unentbehrlich.

Der wichtigste Anstoß war jedoch meine Mitarbeit im Modellversuch „Ästhetische Elementarerziehung", dessen Leiter, Professor Rudolf Seitz, mich in meinem Ausprobieren des neuen Stils durch seine Offenheit und Toleranz, durch Verständnis und Ermutigung sehr unterstützte. Zum erstenmal erlebte ich, daß meine Zweifel ernstgenommen wurden, daß auf mein (anfangs ja noch recht blindes) Herumtappen nach einem neuen Stil und Selbstverständnis als Erzieherin eine positive Reaktion erfolgte. Arno Schulz-Merkel, der mich während des Modellversuchs persönlich betreute, erweiterte diese grundsätzliche Unterstützung zusätzlich dadurch, daß er dem, was ich bis dahin im Grunde nur fühlte, Sprache gab: In der Zusammenarbeit und in intensiven Gesprächen tauschten wir unsere Beobachtungen, Ideen und Meinungen aus. Ich lernte durch ihn zunehmend, Selbstvertrauen und Bewußtsein im Hinblick auf mein Handeln zu entwickeln. Diese Zeit des „Ästhetischen Modells" empfinde ich heute wie ein „Aufwachen", das mir die Augen geöffnet hat für die Ausdruckswelt der Kinder; für Strukturen kindlicher Entwicklungsprozesse, die mir ein neues Verständnis von der Bedeutung des freien kindlichen Spiels gaben. (M. C.)

Unser Verständnis von Freispiel

Über die Begriffe Spiel und Freispiel besteht große Verwirrung; jedem ist der Begriff scheinbar sofort klar, und doch versteht jeder darunter etwas völlig anderes.[1] Bei der theoretischen Begriffsklärung versuchte man sich damit zu helfen, daß man „Spiel" der „Arbeit" gegenüberstellte (oder der „Beschäftigung", wie man im Kindergarten gerne sagt). Das macht die Sache aber nicht unbedingt einfacher, da neben der Existenz von Mischformen die mindestens genauso schwierige Bestimmung von „Arbeit" hinzukommt. Aber auch das wäre nicht weiter schlimm (sollen sich doch die Theoretiker streiten), wenn dies nicht ganz gravierende Auswirkungen auf die Praxis hätte. Denn die Gegenüberstellung setzt sich in der Praxis fort: ernsthaft/spielerisch; fördern/(„nur") spielen; zweckgerichtet/zweckfrei (mit dem Touch des Zwecklosen). Das menschliche Denken hat die Fähigkeit zur Differenzierung, aber bei Schwierigkeiten rettet es sich oft ins Einfache. So kommt es zu einer Wertung: Nachdem ernsthafte Arbeit bei uns einen so hohen Stellenwert hat, bleibt dem Spiel nur übrig, den Gegenpol zu besetzen; je wertvoller das eine erscheint, desto mehr muß das andere abfallen, auch wenn man dies nicht will oder nicht wahrhaben will.

Wir halten deshalb die *Trennung* in Arbeit und Spiel, in Förderung und Freispiel für eine irreführende Gegenüberstellung (dieselbe Gegenüberstellung findet man natürlich auch bei „Arbeit" und „Freizeit"). Die menschliche und kindliche Tätigkeit besteht nach unserer Vorstellung in einem durchgehenden *Kontinuum* zwischen den Polen Nützlichkeit/Anforderungen/Produkt einerseits und Freude/Genuß/Prozeß andererseits. Ebenso sehen wir Förderung – Freispiel als Kontinuum mit fließenden Übergängen. Kein Pol kann völlig ohne den anderen auftreten, so daß es Freispiel in Reinform eigentlich gar nicht gibt.

Warum wir dann trotzdem ein Buch darüber schreiben? Hauptsächlich wollen wir damit erreichen, daß auch Ihnen das Wort „Freispiel" nicht mehr so selbstverständlich über die Lippen kommt: als eine klare Sache, die man (natürlich) *auch* macht. Eigentlich müßte bereits das Wort stutzig machen, das zusammengesetzt ist aus „Freiheit" und „Spiel". Gibt es über „Spiel" viele Bücher, so wurden über „Freiheit" ganze Philosophien geschrieben, was uns hier nur insoweit berühren muß, daß wir erkennen: „Freispiel" kann nichts Einfaches sein! Denn Freispiel bedeutet *nicht,* zwischen Memory und Mensch-ärgere-dich-nicht zu wählen, womöglich noch mit der Zusatzanforderung, das eine erst wieder aufzuräumen, bevor man das andere herausnimmt.

Freispiel ist auch kein „Restposten", Zeit, die man notgedrungen abwartet, bis alle Kinder da sind, um dann endlich mit der „richtigen" Arbeit, der Förderung, zu beginnen. Auch kein Restposten zur Korrektur der Förderung: „Du hast dein Osternest noch nicht fertig gemacht." Freispiel ist auch nicht dann gegeben, wenn die Erzieherin mit einer kleinen Gruppe „fördert" und die anderen Kinder spielen. Abgesehen

nämlich von dem hier ebenfalls auftretenden Restcharakter (der Gruppe nämlich) ist die „freie Wahl", die immer entgegengehalten wird, nicht so frei, wie man gerne glauben möchte. Auch wir haben diese Form früher als Freispiel betrachtet; die Arbeitsform selbst führen wir manchmal auch heute noch durch, *nennen* das aber dann ehrlicherweise nicht mehr Freispiel. *Größtmögliches* Freispiel bzw. möglichst freies Spiel, wie man korrekt sagen müßte, schließt völlig aus, daß die Erzieherin etwas anderes tut, als aktiv zu beobachten und gegebenenfalls hilfreich einzugreifen: Auf das entscheidende „Wie" werden wir noch eingehen.

Ziel des Kindergartens ist die Synthese von Förderung und Spiel. Fein, könnte man sagen: spielerisch fördern! Eben nicht! Denn Synthese und Ganzheitlichkeit sind nicht dadurch zu erreichen, daß man das eine zum Zweck und das andere zum Mittel macht, also den Zweck „Arbeit" mit dem Mittel „Spiel" erreichen will. Dabei wird nämlich das Spiel degradiert zum „Mittel zum Zweck". Die Aufgaben des Kindergartens betreffen jedoch das freie Spiel des Kindes genauso wie seine Förderung. Wir sind sogar der Meinung, daß bei der gegenwärtigen Einseitigkeit der kindlichen Lernumwelt in Richtung Förderung der Kindergarten das Freispiel vorziehen sollte. Zumindest muß aber dem freien Spiel seine Gleichwertigkeit zuerkannt werden (im echten Sinne!).

Die meisten Kinder können, wenn sie in den Kindergarten kommen, frei spielen, möglicherweise mit Einschränkungen. Durch bewußte Gestaltung der Spielumwelt im Kindergarten und durch weise Zurückhaltung der Erzieherin wären sie in der Lage, diese „Defizite" selbsttätig aufzuholen. In Wirklichkeit ist es aber eher so, daß Kinder, je näher die Schule rückt, durch Geringschätzung des freien Spiels erst in diesem Alter das Spielen „verlernen", weil sie es aberzogen bekommen. Und möglicherweise entwickeln sich gegen das Lernen bereits die ersten Abneigungen, weil Förderung und Lernen oft als freudlose Pflicht erlebt werden. Aber selbst wenn der Kindergarten nicht in diese Richtung wirkt, gibt es hin und wieder Kinder, die aufgrund bestimmter Umstände (die gar nichts mit einer fehlerhaften Familienerziehung zu tun haben müssen!)[2] nicht frei spielen können. Wir halten es für unmöglich, Kindern das Spielen „beizubringen"; der kindliche Entwicklungsprozeß läuft nicht so einschichtig ab, daß man nur „oben" etwas hineinzuwerfen bräuchte, damit „unten" etwas „herauskommt". Der Erzieher muß dem Kind die Verantwortung für sein Problem übergeben (denn es ist das Problem des Kindes, nicht unseres); das Kind selbst muß sein Problem in die Hand nehmen, wir können das nicht für das Kind „richten". Der Erzieher kann nur Bedingungen schaffen, beistehen und ermutigen. Das beinhaltet so etwas wie Vertrauen auf die Kraft des Lebendigen im Kind, was Ihnen berechtigterweise erst einmal etwas mystisch vorkommen muß.

Das folgende Beispiel von Senad soll verdeutlichen, was wir damit meinen.

Lernen Kinder wirklich nichts, wenn sie „nur" spielen?

Senad besucht unseren Kindergarten seit drei Jahren; das erste Jahr nachmittags, zusammen mit seiner großen Schwester. Er fühlte sich relativ sicher, nur fiel uns auf, daß er kein Angebot der Erzieherin ausließ. Sobald ein Basteltisch vorbereitet wurde, war Senad zur Stelle. Er fragte nie nach der Aktivität, die stattfinden sollte; ihm war nur wichtig, dabei zu sein und beschäftigt zu werden.
Im zweiten Jahr kam Senads Schwester in die Schule. Von da ab besuchte er den Kindergarten vormittags. Da er pünktlich um 8 Uhr kam, war er gezwungen, ein für sein Zeitgefühl sehr langes Freispiel ohne Angebot durchzustehen. Ohne Schwester und Angebot aber war er verloren! Wenn er morgens kam, setzte er sich an den Brotzeittisch und verbrauchte alle Energie, um seine Trauer und seine Tränen zu unterdrücken. Er ließ sich nicht von uns trösten, und niemand konnte ihn ablenken. Wenn er die Tränen gar nicht mehr halten konnte, zog er sich unauffällig zurück und starrte in eine Richtung aus dem Fenster. Wir litten mit ihm und konnten seine Verzweiflung nicht mehr verkraften. Also machten wir ihm und uns zuliebe ein Angebot, wie er es manchmal vom Nachmittag her gewohnt war. (Man muß hier dazu sagen, daß die Situation am Nachmittag eine völlig andere ist; ein pädagogischer Ansatz wie der hier vorgestellte ist nach unserer Auffassung nachmittags nicht durchzuführen.)

Nur während des Angebots war Senad beruhigt, davor und danach jedoch unsicher, verzweifelt und einsam wie immer. Wir heilten zwar momentan das Symptom der Traurigkeit und Verzweiflung, aber nicht die Ursache. Deshalb zogen wir unsere Angebote während des Freispiels zurück und gaben ihm zur Überbrückung ein paarmal ein „Schulheft". Unsere Überlegung war dabei folgende: Mit dem „Schulheft" reduzierten wir unseren Beitrag zu seiner Beschäftigung, da wir natürlich keinerlei Vorschläge zur Verwendung machten, und zum anderen war es für ihn eine innere Verbindung zu seiner Schwester. Senad war dabei wieder zufrieden und froh, eine Aufgabe erfüllen zu können, sich nicht mit sich selbst beschäftigen zu müssen. Freudig versuchte er zu schreiben und „Hausaufgaben" zu machen. Er nahm das Heft an – wie alles, was wir ihm gaben –, verlangte es aber nie von sich aus, noch äußerte er irgendwelche andere Wünsche.
Nach einer Überbrückungszeit gaben wir ihm nichts mehr und bemühten uns, innerlich keine Wünsche mehr an ihn zu haben. Wir ließen ihn nur spüren, daß wir ihn so annehmen, wie er ist; dezent, damit er sich in seinem Unglück nicht zu sehr im Brennpunkt von Aufmerksamkeit (und damit unter Druck) fühlen mußte. Er versuchte, aus unserem Verhalten den anderen Kindern gegenüber abzulesen, welche Tätigkeiten wir bevorzugen; das konnte ihm natürlich nicht gelingen, weil wir alles gleich gelten lassen und nicht nach „sinnvollen" und „albernen" Spielen differenzieren. Seine Beobachtung weitete sich allmählich aus: Er begann zunehmend Geschehnisse wahrzunehmen, an denen er mit der Zeit immer aktiver innerlich teilnahm. Schließlich begann er, auszuprobieren und alleine zu spielen. Erfinderisch kombinierte er vollkommen neue Konstruktionen. Er baute nichts nach, sondern formte und gestaltete immer etwas Neues. Alles, was er schuf, war sehr individuell.
Andere Kinder entdeckten seine interessanten Werke und machten sie sich zunutze. Sie mischten sich in sein Spiel ein, und Senad wurde nach kürzester Zeit an den Rand gedrängt, übernahm kommentarlos die „Dienerrolle", war gerade gut genug, Material herbeizuschaffen. Wir waren empört! Man kann doch den Erfinder und Erbauer nicht einfach so an den Rand drängen! Und wir mischten uns ein, um ihm „zu seinem Recht zu verhelfen". Ein unangenehmes Gefühl dabei ließ uns jedoch bald erkennen, daß Senad die Rolle der „Randfigur" gern annahm: Er hatte noch wenig Selbstwertgefühl und fühlte sich in dieser Rolle wohl und gut aufgehoben.
Mit der Zeit erlebte er immer mehr, daß er aufgrund seiner Ideen von den anderen Kindern akzeptiert, ja sogar bewundert wurde. Es kam so weit, daß sie sich gar nicht mehr nach Zweck oder Ziel erkundigten, wenn Senad etwas begann: Wenn Senad etwas anfing, konnte es nur eine interessante Sache werden, und sie boten „ins Blaue hinein" ihre Hilfe an, um seine Idee durchzuführen.
Senad wurde ein selbstsicherer, gleichwertiger Spielpartner, was sich auch auf seinen sprachlichen Ausdruck auswirkte. (Damit meinen wir nicht primär den technischen Aspekt unter dem Gesichtspunkt der sprachlichen Förderung: nämlich daß Wortschatz und Differenzierung des Satzbaus sich besserten; das natürlich auch, aber „nebenbei". Das Wichtige war, daß Sprache für ihn zunehmend ein Mittel wurde,

sich auszudrücken: daß zwischen dem, was er war, und dem, was er mitteilte, ein Zusammenhang wuchs. Wir werden auf diese Thematik zurückkommen.)

Senad bekommt heute mehrmals am Tag einen schelmischen Gesichtsausdruck, der anzeigt, daß wieder eine Idee geboren wird! Er hat dann keine Zeit, sein Vorhaben anzukündigen oder zu erklären, sondern fängt wie berauscht an. Parallel dazu entwickelte er sich natürlich auch von einem „braven" Kind zu einem Lauser mit dem Schalk im Nacken, zu einer für die Kinder und für uns faszinierenden Persönlichkeit. Seine Ausdruckshemmungen sind völlig verschwunden.

Wir sind nun nicht der Meinung, daß Senad in einem anderen Kindergarten unglücklich geworden wäre. Er hätte eine andere Art des Glücks erfahren: Anerkennung für ein leicht zu motivierendes, leistungswilliges und leistungsfähiges Kind. Aber nach unserer Auffassung hätte er dabei nie seine heutige Form von Kreativität entwickelt. Denn Kreativität geht über künstlerische Produkte weit hinaus: Sie ist eine Haltung, ein bestimmter Zugang zur Welt. Dabei muß das Ich als positiv, ideenreich, kompetent und wertvoll und die Welt als interessant und der Auseinandersetzung wert erlebt und befunden werden. Ein auf diese Weise kreativer Mensch ist für den sogenannten „Lebenskampf" weitaus besser gerüstet als ein nur gut ausgebildeter, weil er eine von außen unabhängige Grundlage hat.

„Der Geist ist nicht eine Scheune, die man füllt, sondern eine Flamme, die man nährt."[3]

Diese Flamme hat eine stärkere Lebenskraft als die Anhäufung von abrufbarem, gehortetem Wissen, das man bei Bedarf aus der Gedächtnisschublade zieht. Ein lebendiger, kreativer Mensch hockt nicht auf einer Fertigkeitensammlung, sondern beherrscht die Strukturen des kreativen Prozesses: die Freude und Motivation, sich engagiert mit einer Sache auseinanderzusetzen, und die Kraft, ja den Drang, dabei Schwierigkeiten zu meistern. Denn echte Künstler gebären ihre Werke durchaus in einem schweren und teilweise schmerzhaften Prozeß; sie arbeiten vom Einsatz her genauso wie Menschen, deren Arbeit als „ernsthaft" anerkannt wird. Nur wer die Bedeutung dieses Prozesses verkennt, kann Kreativität als musische Fähigkeit betrachten, die der „ernsthaften" Arbeit gegenübersteht und damit so eine Art Luxus darstellt. Die produktive Orientierung, wie FROMM sie nennt, entspricht der Existenzweise des Seins und der Lebendigkeit, im Gegensatz zu der des Habens und Hortens, die immer unter der Angst stehen muß, wieder zu verlieren.[4] Lebensfreude und das Glück eines kreativen Daseins kann man nicht mehr verlieren, denn sie produzieren im Prozeß selbst neue Lebendigkeit und wirken auch auf die anderen ansteckend und faszinierend.

Denn das ist der zweite wichtige Punkt: Senad hätte sich auf dem Wege der Förderung durchaus zu einem sozialen und anerkannten Kind entwickelt. Auch bei geförderten Tätigkeiten wäre Gemeinsamkeit entstanden; der Austausch von Ideen und Erfahrungen hätte stattgefunden; er wäre anerkannt worden und hätte eine Stellung in der Gruppe erobert als Mitglied der Gemeinschaft mit bestimmten Fähigkeiten

und sogar Spezialisierungen (Experte). Begrenzt allerdings durch das Konkurrenzprinzip, denn wenn das Selbstwertgefühl auf Leistung basiert, muß man von Zeit zu Zeit über den anderen triumphieren.
Senad hat das nicht nötig: Er nützt seine Führungsrolle bei weitem nicht so zum „Bestimmen" aus, wie er könnte. Sein Tatendrang läßt ihm für so etwas „Unwichtiges" gar keine Zeit. Er ist eine Persönlichkeit, von der Faszination ausgeht. Das genügt ihm, und es ist genug: Denn auch dieser Prozeß, der weit über die Anerkennung als Spielpartner und über die Leistungssteigerung durch Konkurrenz hinausgeht, besitzt eine von außen unabhängige Dynamik. Senads Nähe ist deshalb so interessant, weil er mit seiner Lebendigkeit und Kreativität durch „Ansteckung" in anderen Lebendigkeit und Kreativität weckt, was genauso umgekehrt stattfindet und ihn wiederum „anstachelt". Der einmal angefangene Prozeß trägt und entwickelt sich selbst weiter.

Voraussetzungen und Bedingungen unseres Erziehungskonzepts

Wir wissen, daß das Dargestellte schwer zu verstehen und noch schwerer zu verwirklichen ist. Es erfordert Offenheit und Mut und die (nicht mehr so selbstverständliche) Lebenshaltung, die der Überzeugung entstammt, daß das menschliche Dasein einen Sinn hat, der über die bloße Bewältigung und Sicherung der Existenz hinausgeht. Und es erfordert die gesellschaftliche Anerkennung von Erziehung als Arbeit: aber nicht in schönen Sonntagsreden, sondern in der praktischen materiellen und personellen Ausstattung des Kindergartens. Der Pädagoge FREINET wandte sich bereits vor etwa 50 Jahren gegen die Ideologie, Erziehung sei allein eine Sache der Erzieher und ihrer persönlichen Fähigkeiten:
„Zur Verschleierung des fortschreitend reaktionären Geisteszustandes wird von oben nach unten auf administrativer Ebene die Parole ausgegeben: Erziehung ist eine Berufung! Liebet eure Kinder ... Seid sanft ... und entschlossen ... Redet wenig, aber gut ... Geht von der Anschauung aus ... Rührt an die Seelen eurer Schüler ...
Wir unterschätzen keineswegs die erzieherische Kraft individueller Großzügigkeit: Selbstaufgabe, Altruismus, Liebe. Die individuelle Erziehung setzt Liebe voraus, Erziehung ist Liebe. Die Formung eines Individuums in Kontakt mit einem anderen setzt das spontane oder bewußte Vorhandensein von starken Bindungen, von Sympathie voraus, die nur von einem starken Altruismus getragen werden können. Und wir sagen: Glücklich sind die Schüler, die auf ihrem Weg einem großherzigen, klugen Erzieher begegnen. Privilegiert sind die Erzieher, die diese Gabe der persönlichen Ausstrahlung besitzen ..., mit der sie die Wirksamkeit

ihrer Technik verstärken können. Aber in der Praxis sind die großzügigste Liebe und die rührendste Selbstaufopferung nicht in der Lage, das Erziehungsproblem zu lösen ...
Wir können für unsere Pädagogik nicht auf ungewisse subjektive Fähigkeiten setzen, wir können den Erfolg einer Schule für das Volk nicht auf die mystischen Gefühle von Erziehern gründen. Die *Technik der Erziehung* wird da Erfolg haben, wo moralische oder moralisierende Aufforderungen versagen.
Diesem in seiner Herde von 60 bis 80 Schülern verlorenen Volksschullehrer raten sie: Lieben Sie die Kinder! Lassen Sie Ihre Güte strahlen, und Sie werden die Macht Ihres pädagogischen Handelns erleben!
Leider werden Sie psychisch zugrunde gehen, wenn Sie das Unmögliche versuchen. Ihre Hingabe wird ohne praktische Ergebnisse bleiben. Denn möglicherweise genügt Ihr großes Herz ja nicht.
Wir dagegen steigen von den mystischen Gipfeln herab und sagen als Praktiker ohne Umschweife: in Ihrer nicht auf einen vernünftigen Unterricht eingerichteten Klasse können Sie machen, was Sie wollen: Sie werden, ob Mann oder Frau, inmitten Ihrer Herde die Beute Ihrer Kinder bleiben; Sie bleiben überfordert und kommen doch zu keiner nützlichen Arbeit."[5]

Die Arbeitsbedingungen im Kindergarten haben sich im Zuge der Reformphase sehr verbessert; Ursache war neben einem allgemein steigenden Interesse an vorschulischer Erziehung vor allem auch wissenschaftliches Interesse, das sich u. a. in Modellen, Projekten und Initiativen niederschlug. Die Kindergruppen wurden kleiner, die räumlichen und personellen Bedingungen verbessert. Allerdings sind die Kinder heute aufgrund von Umwelteinflüssen hektischer.

Zwei Modelle (Ausländermodell, Modell Ästhetische Elementarerziehung) bestimmen die *gegenwärtigen* Arbeitsbedingungen in unserem Kindergarten.
Träger: Landeshauptstadt München;
Leitung der Kindertagesstätte: Maria Caiati.

Ort: München 19, Alfonsstraße 8.
Wir sind in einem Schulgebäude (Grundschule, Hauptschule, nachmittags griechische Schule, abends Volkshochschule) untergebracht.
Es gibt außer unserer Gruppe noch eine zweite Kindergarten-Ganztagsgruppe, einen Grundschul- und einen Hauptschulhort (letzteren im 1. Stock). Als Ausweichräume können wir die beiden Horträume benützen. Die Turnsäle können wegen Überbelegung von uns nicht mitbenützt werden.
Unser Gruppenraum hat 65 qm. In diesem Raum wird gespielt, gegessen und geschlafen, und alle Aktivitäten werden dort durchgeführt.

Ausstattung: Wir haben die übliche Ausstattung der städtischen Kindergärten. Besonders glücklich sind wir über die Kinderspüle mit der Möglichkeit, das Brotzeitgeschirr unterzubringen. Die Kinder können somit bei der Brotzeit sehr selbständig verfahren.
Außerdem schätzen wir noch besonders, daß wir die alten Kindertische (einen runden, fünf rechteckige) und -stühle haben, die optisch angenehmer sind und von den Kindern wesentlich leichter herumgetragen und zum Spielen verwendet werden können.

Personal bei Vollbesetzung:
eine deutsche Erzieherin (Leiterin der Kindertagesstätte);
eine jugoslawische Erzieherin;
eine Kinderpflegerin (wegen der Leiterinnenstelle ganztags);
eine Teilzeiterzieherin für den Nachmittag.

Öffnungszeiten: Von 7 bis 8 Uhr ist Frühöffnung; es werden alle Kinder aus den verschiedenen Gruppen gesammelt.
Die Vormittagskinder sind von 8 bis 12 Uhr anwesend, die Nachmittagskinder von 14 bis 18 Uhr, die Ganztagskinder können von 7 bis 18 Uhr bleiben (freitags jeweils bis 17 Uhr).
Zwischen 12 und 14 Uhr ist Mittagessen und Ruhezeit.

Modellversuche: Außer dem Modellversuch „Ästhetische Elementarerziehung" (siehe Vorwort) gibt es bei uns das jugoslawische Ausländermodell (beide Modellversuche in unserer Gruppe). Aus diesem Grund ist Frau Svjetlana Delač als jugoslawische Erzieherin bei uns tätig. Sie wird vor allem für die jugoslawischen Kinder eingesetzt und soll diese in ihrer Muttersprache fördern und eine emotionale Verbindung zu ihrem Heimatland vermitteln.

Zusammensetzung der Gruppe: Wir haben 15 Ganztagskinder, davon 5 deutsche, 9 jugoslawische und 1 indonesisches Kind, 10 Vormittagskinder, davon 7 deutsche, 1 jugoslawisches, 1 griechisches und 1 persisches Kind, sowie 5 Nachmittagskinder, davon 3 jugoslawische und 2 türkische Kinder. Etwa zwei Drittel der Eltern sind Arbeiter. Die Kinder stammen meistens aus Familien mit sehr beengten Wohnverhältnissen, und nur wenige können nach Aussage der Eltern ohne Erwachsenenbegleitung zum Spielen nach draußen geschickt werden.

Wenn wir auch durchaus noch einiges zur Verbesserung wüßten, so halten wir unsere gegenwärtigen Arbeitsbedingungen für brauchbare Mindestvoraussetzungen, unter denen innovative pädagogische Arbeit möglich ist; erst auf dieser Basis ist die Wahlmöglichkeit zwischen Erziehungsmethoden in echtem Sinne gegeben. Besonders wichtig erscheint uns die Möglichkeit der Teamarbeit, die wir in dieser Idealbesetzung, wenn auch zeitlich begrenzt, dem Ausländermodell verdanken (man kann die Anwesenheit der Ausländer auch einmal unter diesem Gesichtspunkt betrachten). Teamarbeit in unserem Sinne ist nicht davon abhängig, daß unbedingt zwei Erzieherinnen regelmäßig anwesend sein müssen; keine der beiden Mitarbeiterinnen darf aber „beschäftigt" sein.
Es wäre schon so schwierig genug: Wie jede Erzieherin weiß, steht die Vollbesetzung hauptsächlich auf dem Papier. Wegen Krankheit, Urlaub oder Fortbildung ist sie sowieso nur wenige Wochen im Jahr wirklich vorhanden. Wird der neue Stil von einem Stamm älterer Kinder mitgetragen, lassen sich Unregelmäßigkeiten leichter überbrücken. Allerdings geht die politische Tendenz in Richtung Sparmaßnahmen: Wie LACHENMAIER in der Zeitschrift „Kindergarten heute" (1/83) schreibt, laufen Überlegungen, die Gruppenstärken und die Elternbeiträge wieder zu erhöhen sowie die personelle Besetzung, vor allem die sogenannte „Doppelbesetzung" wieder abzubauen.[6] Das wäre der Tod unseres pädagogischen Konzepts.

Zur Förderung im Kindergarten

Die derzeitigen normalen Arbeitsbedingungen der Stadt München (die nicht immer so günstig sind wie bei uns in dieser speziellen Gruppe) reichen aber in der Regel aus, *Ansätze* im Sinne unseres Erziehungskonzepts machen zu können; keinesfalls entschuldigen sie jedoch eine bestimmte Art von Förderung. Dabei ist uns völlig klar, daß in einer Atmosphäre, in der Spiel geringgeachtet wird, Lernen und Arbeit jedoch angesehen sind, Erzieherinnen um so mehr Anerkennung finden, je „schulischer" sie fördern. Bei allem Verständnis für dieses Problem des beruflichen Selbstwertgefühls ist jedoch nicht einzusehen, warum manche Erzieherinnen selbst an der Verschlechterung der Arbeitsbedingungen mitwirken; warum sie, anstatt die Freiräume des Kindergartens zu nutzen (z. B. kein vorgeschriebener Lehrplan), selbst noch dazu beitragen, daß die Verschärfungen im Schul-, Ausbildungs- und Arbeitsbereich immer mehr den Leistungsdruck auch nach unten in den Kindergarten verlagern. Zwar wurden die Versuche des frühen Lesenlernens und der spezialisierten Vorschulen durch die Vorschrift der Altersmischung zurückgenommen, doch hat eine freudlose Förderung im Kindergarten um sich gegriffen, die zwar immer als spielerisch bezeichnet wird, das aber keineswegs ist. Was ist z. B. an Arbeitsmappen spielerisch?

Dabei werden wir meist mißverstanden. Wir sind nicht gegen Förderung, sondern gegen eine bestimmte Art von Förderung und gegen den Mißbrauch der Begriffe „Spiel" und „spielerisch". Förderung im Sinne von „Impulse geben" ist etwas völlig anderes als Förderung im Sinne von „Beschäftigung". Die erste Art ist eine der wichtigsten Aufgaben des Kindergartens, doch leider ist die zweite wesentlich verbreiteter. Die Lebenszeit – gerade auch im Kindesalter – ist einfach zu schade zum bloßen „Rumkriegen"; nur begeisternde und schöpferische Tätigkeit fördert die menschliche Entwicklung. Das schließt kognitive Förderung keineswegs aus, z. B. physikalische Versuche oder Wahrnehmungssensibilisierung, aber halten Erzieher allen Ernstes das Ankreuzen eines Bildes, das geringfügig von drei gleichen abweicht, für eine hinreißende Tätigkeit? Bloß weil die Erwachsenen langweilige Industrie- und Bürojobs haben, müssen doch die Kinder nicht schon im zarten Alter Langeweile und Monotonie einüben!

„Der Geist ist nicht eine Scheune, die man füllt, sondern eine Flamme, die man nährt."[7] Dieser schon einmal zitierte Satz, der es wert wäre, in goldenen Lettern gedruckt zu werden, ist ein Hauptgedanke der Pädagogik Célestin FREINETs, dessen Schulmodell PIAGET als Umsetzung seiner Vorstellungen in praktische Pädagogik ansieht.[8] Und von PIAGET kann man wohl im Ernst nicht behaupten, er achte die kognitive Entwicklung des Kindes gering. FREINET weiter: „Um sich zu bilden, genügt es nicht, daß das Kind jeden Stoff in sich hineinfrißt, den man ihm mehr oder weniger spannend serviert: es muß selbst handeln, selbst schöpferisch sein."[9]

„Ich hab' euch so gesucht", sagte Momo atemlos, „kommt ihr jetzt wieder zu mir?"
Die drei wechselten Blicke, dann schüttelten sie die Köpfe.
„Aber morgen vielleicht, ja?" fragte Momo. „Oder übermorgen?" Wiederum schüttelten die drei die Köpfe.
„Ach, kommt doch wieder!" bat Momo. „Früher seid ihr doch immer gekommen."
„Früher!" antwortete Paolo, „aber jetzt ist alles anders. Wir dürfen unsere Zeit nicht mehr nutzlos vertun."
„Das haben wir doch nie getan", meinte Momo.
„Ja, es war schön", sagte Maria, „aber darauf kommt es nicht an."
Die drei Kinder gingen eilig weiter. Momo lief neben ihnen her.
„Wo geht ihr denn jetzt hin?" wollte sie wissen.
„In die Spielstunde", antwortete Franco. „Da lernen wir spielen."
„Was denn?" fragte Momo.
„Heute spielen wir Lochkarten", erklärte Paolo, „das ist sehr nützlich, aber man muß höllisch aufpassen."
„Und wie geht das?"
„Jeder von uns stellt eine Lochkarte dar. Jede Lochkarte enthält eine Menge verschiedener Angaben: wie groß, wie alt, wie schwer, und so weiter. Aber natürlich nie das, was man wirklich ist, sonst wäre es ja zu einfach. Manchmal sind wir auch nur lange Zahlen, MUX/763/y zum Beispiel. Dann werden wir gemischt und kommen in eine Kartei. Und dann muß einer von uns eine bestimmte Karte herausfinden. Er muß Fragen stellen, und zwar so, daß er alle anderen Karten aussondert und nur die eine zum Schluß übrig bleibt. Wer es am schnellsten kann, hat gewonnen."
„Und das macht Spaß?" fragte Momo etwas zweifelnd.
„Darauf kommt es nicht an", meinte Maria ängstlich, „so darf man nicht reden."
„Aber worauf kommt es denn an?" wollte Momo wissen.
„Darauf", antwortete Paolo, „daß es nützlich für die Zukunft ist."
Inzwischen waren sie vor dem Tor eines großen, grauen Hauses angekommen. „Kinder-Depot" stand über der Tür.
„Ich hätte euch so viel zu erzählen", sagte Momo.
„Vielleicht sehen wir uns irgendwann mal wieder", antwortete Maria traurig.
Um sie herum waren noch mehr Kinder, die alle in das Tor hineingingen. Und alle sahen ähnlich aus wie die drei Freunde von Momo.
„Bei dir war's viel schöner", sagte Franco plötzlich. „Da ist uns selber immer eine Menge eingefallen. Aber dabei lernt man nichts, sagen sie."[10]

2. Erziehungsvorstellungen und methodischer Ansatz

Zur Zieldiskussion in der Erziehung

Jede Handlung ist an einem mehr oder weniger bewußten Ziel orientiert, und die Erziehung macht dabei keine Ausnahme. Natürlich kann man einfach draufloswursteln; ein Handeln jedoch, das diesen Namen verdient, beinhaltet, daß man sich auch darüber Gedanken macht, was man eigentlich erreichen will. Dies wurde in der Pädagogik erkannt; der Frage der Erziehungsziele wurde große Aufmerksamkeit geschenkt, und die ganze Curriculum-Entwicklung fußt auf der Verknüpfung von formulierten Erziehungszielen, ausgearbeiteten pädagogischen Methoden und anschließender Lernzielkontrolle.

„Oberste Bildungsziele sind Ehrfurcht vor Gott, Achtung vor religiöser Überzeugung und vor der Würde des Menschen, Selbstbeherrschung, Verantwortungsgefühl und Verantwortungsfreudigkeit, Hilfsbereitschaft und Aufgeschlossenheit für alles Wahre, Gute und Schöne." So heißt es z. B. in der Bayerischen Verfassung.[11]

„Leitziel der pädagogischen Bemühungen ist der beziehungsfähige, wertorientierte, schöpferische Mensch, der sein Leben verantwortlich gestalten und den Anforderungen in Familie, Staat und Gesellschaft gerecht werden kann." So steht es z. B. in der Verordnung über die Rahmenpläne für anerkannte Kindergärten.[12]

„Was will man mehr?" könnte man fragen, wenn der Zustand der Welt nicht anders aussähe. Der mündige Bürger ist ein Manipulationsobjekt der Werbung; der „für das Wahre, Gute und Schöne" offene Mensch goutiert Pornos und Horror-Videos; Fragen des Gemeinwesens werden in Wahlprozessen ausgetragen, deren Vorfeld inzwischen das Niveau der Waschmittelwerbung erreicht hat. Ganz abgesehen davon, daß es den sozial verantwortlichen Menschen nicht stört, wie andere behandelt werden, solange es sich „nur" um Ausländer, politische Feinde oder verhungernde Kinder in der Dritten Welt handelt.

Wie kommt es also bei soviel guter Absicht zu solchen Ergebnissen? Nach unserer Auffassung liegt es an

- der Widersprüchlichkeit zwischen Zielsetzung und Methode und an
- Widersprüchlichkeiten in der Zielsetzung: durch Unvereinbarkeit von Zielen;

durch Auseinanderfallen von vorgegebener und tatsächlicher Zielsetzung, und zwar auf der gesellschaftlichen wie auf der individuellen Ebene.

Denn es spricht viel dafür, daß der mündige, soziale und offene Mensch gar nicht so gefragt ist, wie man annehmen möchte. Die Lebenswelt benötigt angepaßte Menschen, und der einzelne richtet sich aus Gründen des Überlebens nach deren „heimlichem Lehrplan“[13], der in wesentlichen Punkten den oben genannten Zielen entgegenarbeitet. Dies drückt sich auch darin aus, daß sich die Gesellschaft meistens hütet, die Bedingungen zu schaffen, die eine Erziehung zum mündigen Menschen braucht. Armut ist das beste Mittel, Dummheit zu erhalten, und die Überlastung der Erziehenden das beste Mittel, Methoden zu verhindern, die Kinder zu freien und kreativen, aber anstrengenden Bürgern machen.

Ausführlich eingehen wollen und müssen wir auf den Punkt, daß sich vorgegebene und wirkliche Zielsetzungen auf der individuellen Ebene widersprechen, da dies pädagogisches Handeln direkt betrifft und unser methodischer Ansatz nur auf dieser Basis verständlich wird.

Denn Handeln ist eine komplizierte Sache. Der Erziehende glaubt, daß er zu Liebe und Selbständigkeit erziehen will und erzieht, hat aber unbewußt aufgrund bestimmter psychologischer Mechanismen tatsächlich möglicherweise andere Ziele, was einem inneren „heimlichen Lehrplan“ entspricht. Das hat überhaupt nichts mit Verlogenheit zu tun; Ehrlichkeit ist nämlich nicht nur eine Sache guten Willens, sondern auch eine Frage der Kenntnis innerer Motive. Der Mensch dünkt sich frei in seinen Handlungen, wird aber durch seine psychische Struktur (hauptsächlich durch den Faktor Angst) unbewußt sehr oft zu Handlungen gedrängt, die er dann mit vernünftigen und edlen Gründen versehen muß, um sich ein Identitätsgefühl zu erhalten. Nur die Kenntnis dieser Prozesse und die Offenheit für Veränderungen können diese Unfreiheit des Handelns mindern und das pädagogische Handeln verbessern.

Was ist das Kind? Was soll es werden?

„Der Mensch ist dem Menschen ein Wolf“: Dieser an Plautus angelehnte Satz von HOBBES drückt das Menschenbild einer Gesellschaft aus, die annimmt (ja ökonomisch darauf basiert), daß der Mensch nur aus Eigennutz handelt und nur durch Aberziehung schädlicher Neigungen sozial gemacht werden könne. Humanistische Denker wie FROMM betrachten jedoch dieses negative Menschenbild als Rechtfertigungsideologie einer Gesellschaft, die eigennützige Menschen braucht und fördert.[14] Und Alice MILLER arbeitet in ihrem Buch „Am Anfang war Erziehung“ heraus, wie die diesem negativen Menschenbild verpflichtete Erziehung zum Gehorsam ihr Hauptanliegen darin sieht, den kindlichen Eigensinn, d. h. seinen Willen, zu brechen und die Lebendigkeit des Kindes, die sich gerade auch in der Stärke und Heftigkeit seiner Gefühlsausbrüche äußert, „wie Unkraut“ (dies steht wortwörtlich in Erziehungsvorschriften aus dem 19. Jahrhundert) auszumerzen. Das Ergebnis ist in den erschütternden Fallbeispielen nachzulesen.[15]

Aber – so kann man dem entgegenhalten – heute ist das doch nicht mehr so. Stimmt, es hat sich einiges geändert; (öffentliches) Schlagen ist dem sozialen Ansehen heute eher abträglich. Das Problem hat sich aber nur verlagert; denn unverändert geblieben sind die Ansprüche an die Erziehenden nach ruhigen und „pflegeleichten“ Kindern: Welche Verachtung schlägt einer Mutter entgegen, deren Kind „sich aufführt“, oder einer Berufserzieherin, die ihre Gruppe „nicht im Griff hat“. „Jetzt kann sie nicht mal das“, urteilt eine Umwelt, die Methoden ächtet, aber Ansprüche beibehält; und die Erziehung wie Hausarbeit als niedere Tätigkeit einstuft, je kleiner die Kinder, desto niederer, wie man am Statusgefälle der pädagogischen Berufe ablesen kann. Erziehende sind in aller Regel keine sadistischen Bestien; Angst bringt sie dazu, weiterzugeben, was ihnen „auch nicht geschadet hat“: Druck, Macht und Kontrolle gegenüber einem Wesen, das so klein und schwach ist, von dem man aber, wenn man es nicht „bändigt“, anscheinend so Unglaubliches erwartet, daß körperliche und seelische Schläge „zu seinem Wohle“, Grausamkeit „zu seinem Besten“ nicht als Irrsinn erkannt werden, sondern (und das ist auch von uns nicht ironisch gemeint) in guter und bester Absicht erfolgen.

Daß dies so leicht geschieht, hat nach Auffassung von Alice MILLER mit der eigenen Kindheit zu tun. Die Erziehung eines Kindes beinhaltet die Aufarbeitung der eigenen Kindheit, weil uns im Kind all das entgegentritt, was wir selber als Kind unterdrücken mußten und nicht ausleben durften. Dies kann zu einer „Verfolgung des Lebendigen“[16] führen, wie Alice MILLER provozierend Erziehung nennt: Denn wenig verkraftet der Mensch so schwer, wie „brav“ gewesen zu sein und nachträglich erkennen zu müssen, daß das in diesem Ausmaß nicht nötig war! Wut und Trauer über die verlorenen Glücksmöglichkeiten müssen, so Alice MILLER, zugelassen werden, damit man nicht im Kind das eigene Unglück unbewußt abwehrt.

Und es gibt noch einen Angstfaktor: Gutmeinend möchte man das Kind auf alle Eventualitäten des Lebens vorbereiten, die man realistischerweise eher in der unangenehmen Richtung vermutet. Am Beispiel Senads haben wir schon gezeigt, daß es nicht nötig ist, die Lebenstauglichkeit des Kindes auf Kosten seiner Lebendigkeit zu stärken.

Man braucht aber jetzt keinesfalls in das andere Extrem zu verfallen, alles laufen zu lassen und das Kind als von Geburt an gut und sozial zu betrachten. Kinder probieren soziale wie unsoziale Verhaltensweisen wie alles andere aus und lernen aus den Reaktionen sowie durch Imitation der Beispiele aus der sozialen Umwelt. Es wäre auch seltsam, wenn der Mensch so etwas Komplexes und Kompliziertes wie Sozialverhalten von Anfang an beherrschte, wenn er weit einfachere Dinge erst lernen muß.

Man muß nach der Zweckmäßigkeit des Menschenbildes für pädagogisches Handeln fragen: Erzieher, die von der Schlechtigkeit des Menschen überzeugt sind, sind eigentlich verzweifelte Erzieher, da ihr Tun im Grunde nur mehr den Sinn haben kann, Katastrophen zu verhindern. Erzieher, die von der angeborenen „Gutheit“ überzeugt sind, brauchen eigentlich nicht mehr zu erziehen. Für am hilfreichsten halten wir die Auffassung FROMMs, der Mensch sei bei seiner Geburt weder gut noch böse, sondern trage beide Entwicklungsmöglichkeiten in sich (wobei FROMM „Bosheit“ als die Folge ungelebten Lebens ansieht, als Ausweg, wenn der Weg des Lebens versperrt wird).[17] Zu fragen sei also: Welche Umwelt- und Erziehungsfaktoren begünstigen die liebenden und welche die destruktiven Potentiale des Menschen? Erziehung wird damit, so meinen wir, zur bewußten sozialen und materiellen Umweltgestaltung. – Das entspricht zumindest in den Konsequenzen dem christlichen Menschenbild, das den Menschen (Ebenbild Gottes) als prinzipiell gut, jedoch in seiner Freiheit als vom Bösen gefährdet sieht.

Wenn man die meist tief unbewußte Auffassung von der angeborenen Bösartigkeit des Menschen ablegen kann, die diesem durch Erziehung ausgetrieben werden müsse, wird es möglich, auch die Erziehung zum Gehorsam, die sich gegen das „Wilde", „Ungebändigte", also Lebendige im Kind richtet, in Frage zu stellen. Beides ist natürlich nicht eine Sache kurzer Entschlossenheit, sondern eine Frage der Persönlichkeitsentwicklung in einem langen Prozeß.

Bekämpft man nicht mehr das Böse im Kind (und sei es auch nur vorbeugend), vermindert sich auch der Druck auf Erzieher und Kinder, daß das Kind zu etwas Bestimmtem „gemacht", geformt, er-zogen werden müsse. Denn vielleicht beleidigt man nicht nur Gott, wenn man sich ein Bild von ihm macht, sondern auch sein Ebenbild. Und da eine rigide Zielsetzung automatisch eine rigide Erziehung nach sich zieht, ist es wichtig, jene zu lockern, damit man das Kind mehr, wie Alice MILLER fordert, begleiten als er-ziehen kann.[18] (Im folgenden sprechen wir, obwohl wir Alice MILLERs Unterscheidung von erziehen und begleiten inhaltlich gutheißen, trotzdem von Erziehung und Pädagogik, da es sonst zu verwirrend wird.)

Unsere Zielvorstellungen

Recht viel andere und bessere Erziehungsziele als die zitierten können wir eigentlich auch nicht formulieren, wenn uns auch die Liebesfähigkeit dabei zu kurz kommt. Abgesehen von unserer dargelegten Auffassung, daß sich ihr fordernder Charakter weniger an die Kinder, sondern mehr an die Umwelt richten sollte, haben wir aber durchaus eigene Vorstellungen von der inhaltlichen Ausfüllung dieser Ziele. Und wir halten die gleichzeitige Verwirklichung der widersprüchlichen Erziehungsziele Gehorsam/Anpassung einerseits und Liebe, Lebendigkeit, Handlungsfähigkeit und Unabhängigkeit andererseits für unmöglich. Ein verlogenes Sowohl-als-auch, das wie auf anderen Gebieten im Zweifelsfall immer die Tendenz zeigt, Freiheit den „Sachzwängen" nachzuordnen, ist unserer Auffassung nach mit ein Grund für die fortschreitende Verwirrung im pädagogischen Bereich. Je mehr die Erziehenden unter dem Druck stehen, brave *und* lebendige, bescheidene *und* kreative, gehorsame *und* selbstbewußte Kinder zu „schaffen", desto weniger fällt ihnen die Widersprüchlichkeit auf, die sie dann nur noch als selbstverschuldeten Mißerfolg erleben. Deshalb geht es bei Erziehungszielen nicht um ein Sammelsurium, sondern um die Setzung von Prioritäten; unsere sind: Selbständigkeit, Handlungsfähigkeit und Liebesfähigkeit.

Selbständigkeit

Das Verhältnis zwischen Erwachsenen und Kindern ist immer ein hierarchisches, mag der Erwachsene noch so nett und freundlich sein.

Das ist so lange kein Unglück (ja eine Notwendigkeit, denn das Kind braucht Schutz und Vorbild), als der Erwachsene seine Machtstellung nicht für eigene (oft unbewußte) Bedürfnisse mißbraucht. Alice MILLER regt an, dem Kind zu dienen, und sie ist erstaunt, daß sich unsere christliche Kultur nie die Eltern von Jesus zum Vorbild genommen hat, die das taten.[19] Aber das hängt wohl damit zusammen, daß (so FROMM[20]) ernsthaft zu bezweifeln ist, daß wir eine echte christliche Kultur haben: Wir bewundern nicht den christlichen Helden, der die andere Wange hinhält, sondern den heidnischen, der siegt und unterwirft. Und wie bei der Bergpredigt heißt es schnell, daß man das so einfach nicht übertragen und anwenden könne.

Machen Sie einmal einen Versuch: Bitten Sie bei allem, was Sie tun, innerlich ein fiktives Gegenüber um Erlaubnis und/oder um Hilfe – wenn Sie abtrocknen, um das Trockentuch, wenn Sie etwas notieren, um Zettel und Bleistift usw.; auch wenn Sie zwischendurch eine Kleinigkeit essen, rausgehen oder einkaufen wollen. Dann erleben Sie, was ein Kind ständig erlebt: Verbot oder Gewährung bzw. Unvermögen; d.h. Abhängigkeit, Abhängigkeit, immer wieder Abhängigkeit! Kinder erleben pausenlos, daß sie zu klein, zu unerfahren, zu schwach und zu dumm sind. Aber nur mit einem positiven Selbstwertgefühl haben sie Mut, Unbekanntes zu erproben und Proben zu bestehen. Aus psychologischen Untersuchungen ist bekannt, daß fehlendes Selbstvertrauen Leistungen und Intelligenz hemmt.

Deshalb muß *ein* Erziehungsziel „größtmögliche Unabhängigkeit vom Erwachsenen" lauten. Oder stellen Sie es sich auf die Dauer angenehm vor, ständig mit einem Vorgesetzten zu tun zu haben, der Sie, aus welchen Gründen auch immer, herabsetzt und den Sie um jede Kleinigkeit bitten müssen, sei es Hilfe, Erlaubnis oder Material? Die Funktion eines Vorgesetzten ist es, Orientierung und Unterstützung zu geben, nicht Druck, Strafen, Machtausübung, Manipulation. Es bezweifelt niemand, am wenigsten das Kind, daß der Erwachsene alles besser kann und weise ist; wahre Weisheit besteht jedoch darin, sie dem anderen nicht aufzudrängen. „Man beschleunigt das Wachstum des Weizens nicht, indem man an den Halmen zieht."

Handlungsfähigkeit

Spätestens seit PIAGET ist bekannt, daß Denken auf Handeln basiert. Hinderlich ist dabei, daß über die Begriffe Handeln und Aktivität Mißverständnisse bestehen. FROMM unterscheidet Aktivität im Sinne von Geschäftigkeit und Aktivität im Sinne von Lebendigkeit.[21] Die geschäftige Form von Aktivität ist meist an der reinen Nützlichkeit orientiert und findet heute ihren deutlichsten Ausdruck in der „Betonomanie": Wenn man etwas aus Beton baut, sieht man sowohl, *daß* als auch *was* gearbeitet wird. (Erziehung wird weit weniger als Arbeit anerkannt.) Aktivität im Sinne von Lebendigkeit ist unabhängig von diesem Beweiszwang und bezeichnet einen inneren Vorgang: Ein Mensch, der nachdenkt, kann weitaus aktiver sein als äußerlich tätige Menschen; der simple Umkehrschluß ist allerdings genauso unmöglich. Grundsätzlich kann man sagen, daß das Kriterium der *Sichtbarkeit* von Tätigkeit *kein sinnvolles* ist, wenn es auch sehr häufig angewandt wird; so gibt es Frauen, die zeit ihres Lebens kein Buch mehr anrühren, weil sie immer, wenn die Mutter sie mit einem Buch „erwischte", sofort mit einer nützlichen Hausarbeit beschäftigt wurden. Gerade in der Erziehung ist es also wichtig, daß man die Kinder nicht beschäftigt, sondern ihnen Möglichkeiten zu handeln schafft. Denn Handeln im echten Sinn ist weder Reagieren (wie uns eine auf Rattenexperimenten basierende Form von Psychologie weismachen will) noch bloßes Ausführen. Handeln ist ein vielfältiger Vorgang, der u.a. Ideen und (mehr oder weniger genaue) Zielvorstellungen beinhaltet, den Entwurf und die Auswahl von Möglichkeiten der Verwirklichung, Korrekturen bei Schwierigkeiten, aber auch Ausdauer und Konzentration in einem längeren Handlungsverlauf mit Aufbau, Durchführung und Abschluß.

Der Erwachsene, der sich Unterbrechungen seiner Arbeiten verbittet, ist sehr in Gefahr, das Kind in den seinen zu stören: „Das Kind spielt ja nur", denkt er, solange er zuwenig Wissen und Respekt hat vor diesem wichtigen Vorgang, bei dem sich das Kind seine Handlungsstruktur erarbeitet. Die gutgemeinte fördernde Hilfe kommt vielleicht dem Produkt zugute, um das es aber gar nicht geht: Es geht nicht um den Aufbau eines schrägen oder geraden Bauwerks, sondern um einen lebendigen Prozeß, an dem das Kind schwer arbeitet, auch wenn es „nur" nach Spielen aussieht.

Aber bereits die Grundlage des Handelns, nämlich die Motivation, ist störanfällig. Auch PIAGET wundert sich, daß nach allgemeiner Auffassung das Kind „imstande sei, ohne Motiv zu handeln, sich auf Kommando die unterschiedlichsten Kenntnisse anzueignen, jede beliebige Arbeit zu machen, einfach weil es ... verlangt wird, aber ohne daß diese Arbeit einem ihm selbst als Kind, seinem kindlichen Leben entspringenden Bedürfnis Rechnung trüge".[22] Aufgesetzte Motivierung, die ihm Interesse einreden will, wo es um Forderungen der Erwachsenen geht, führt leicht zum bekannten Machtkampf und zur Rebellion des Kindes, z.B. in Form des „Trägheitsstreiks" (FROMM): „Abzug des Interesses von der Welt, Faulheit und Passivität."[23] Und dann ist man sehr schnell wieder da, wo man glaubte, anfangen zu müssen: bei der Faulheit und Schlechtigkeit des Kindes.

Dazu FREINET: „Das Kind schien von Natur aus ein Nichtsnutz und Betrüger, ein Lügner und Faulpelz zu sein. Um die geforderten Lernziele zu erreichen, mußte man es der Reihe nach zwingen, belohnen, strafen und durch Spiele, Neuheiten und trügerische Bilder motivieren – alles Vorgehensweisen, die ihre Ohnmacht gegenüber den verwickelten Problemen des Lerninteresses hinlänglich bewiesen haben. Dies sind die neuen Erkenntnisse: Das Kind ist hungrig nach Leben und Aktivität."[24]

Liebesfähigkeit

„Kinder, die man respektiert, lernen Respekt. Kinder, die man bedient, lernen dienen, dem Schwächeren dienen. Kinder, die man so liebt, wie sie sind, lernen auch Toleranz. Auf diesem Boden entstehen ihre eigenen Ideale, die gar nicht anders als menschenfreundlich sein können, weil sie aus der Erfahrung der Liebe hervorgehen."[25] Denn: „Zur Liebe kann man ein Kind nicht erziehen, weder mit Schlägen noch mit gutmeinenden Worten; keine Ermahnungen, Predigten, Erklärungen, Vorbilder, Drohungen, Sanktionen können ein Kind liebesfähig machen. ... (Nur) Lebendigkeit und Freiheit, nicht aber erzieherische Zwänge, öffnen die Quelle der echten Liebesfähigkeit" (Alice MILLER).[26]

Es geht darum, die Lebendigkeit des Kindes am Leben zu erhalten, auch wenn das für uns Erwachsene anstrengend ist. Sie hat mit Lebensliebe zu tun, und die „wichtigste Vorbedingung für die Entwicklung der Lebensliebe beim Kind ist, daß es mit Menschen zusammenlebt, die das Leben lieben" (FROMM). Die Atmosphäre, in der sich die Liebe zum Leben und zum Lebendigen entwickeln kann, kennzeichnet er u.a. so: „ein warmer, liebevoller Kontakt mit anderen Menschen", „Freiheit und das Fehlen von Drohungen", „eine von echten Interessen geprägte Lebensgestaltung". Die schlimmste Beeinträchtigung sieht er in Langeweile und Angst in einer sozialen Umwelt, die dem Leben und Lebendigen gegenüber feindlich oder gleichgültig gegenübersteht.[27]

Dieses wichtigste und schwierigste Ziel ist also mit direkter „Förderung" überhaupt nicht zu erreichen; nur indirekt durch eine liebende soziale Umwelt. Leider ist es aber leicht zu beeinträchtigen. Denn ebenso wie bei der Quelle des Handelns, der Motivation, glaubt man auch bei der Quelle des sozialen Empfindens, den Gefühlen, sie vernachlässigen, erdrücken oder züchten zu können. Das alte Ideal der Fühllosigkeit ist nicht so verschwunden, wie man glaubt, auch wenn es sich mehr in einer „Formung" und Reduzierung der „wilden" kindlichen Gefühle äußert. Doch wie soll ein Kind Einfühlungsvermögen lernen, wenn seine heftigen Gefühle (z.B. des Zorns) bekämpft werden, wenn neben dem vermeintlichen Unkraut auch der Weizen ausgerissen wird. Ebenso wie es ein immenser Vorgang ist, daß das Kind seine kognitive Egozentrik verläßt (nach PIAGET überhaupt erst lernen muß, daß es eine von ihm unabhängige Umwelt gibt!), ist auch seine soziale und moralische Entwicklung ein langer Prozeß, den es (indirekt!) zu unterstützen, aber nicht zu beschleunigen oder gar durch zu frühe und dann mehr aufgesetzte als echte Sozialität zu ersetzen gilt.

Denn das Ziel ist echte Liebe, nicht die Abrichtung eines Roboters, der sich auf Anordnung sozial verhält, selbst wenn er die Anordnung bereits verinnerlicht hat. Denn nur Menschen, die echt lieben, widerstehen äußeren Umständen, die sie zum Hassen und Töten auffordern. Und kommt es uns wirklich so unwahrscheinlich vor, daß nicht auch wir diese echte Liebe brauchen: daß wir darauf angewiesen sind, daß unsere Kinder eines Tages die Bomben nicht abwerfen, die wir ihnen gebaut haben?

Damit wären wir beim Widerspruch zwischen Ziel und Methode. Nicht nur Alice MILLER fällt der Irrsinn auf, daß „der Erwachsene manchmal zu Lüge, Verstellung, Grausamkeit, Mißhandlung, Demütigung greifen“ zu müssen glaubt, „damit das Kind einmal frei werde von Lüge, Verstellung, Bosheit, Grausamkeit, Egoismus“.[28] Im Licht einer Erziehung zum Gehorsam sind die Erziehungsergebnisse nämlich keineswegs so überraschend wie beim Vergleich mit den hehren Zielen. „Wenn man ein Kind erzieht, lernt es erziehen. Wenn man einem Kind Moral predigt, lernt es Moral predigen, wenn man es warnt, lernt es warnen, wenn man mit ihm schimpft, lernt es schimpfen, wenn man es auslacht, lernt es auslachen, wenn man es demütigt, lernt es demütigen, wenn man seine Seele tötet, lernt es töten. Es hat dann nur die Wahl, ob sich selbst oder die anderen oder beides.“[29]

Diese Erkenntnis muß man zum positiven pädagogischen Prinzip machen. Der Umgang mit Kindern muß als wichtigste Maxime also diese haben: Die pädagogische Methode, *mit* der ich etwas erreichen will, muß mit dem übereinstimmen, *was* ich erreichen will. Am Beispiel der Wett- und Konkurrenzspiele wollen wir das noch einmal erklären.

Man kann nach unserer Auffassung nicht mit der Methode der Konkurrenz Zusammenarbeit und soziales, mitfühlendes Verhalten fördern. Wir ziehen die Zusammenarbeit vor und lehnen daher Konkurrenz- und Wettspiele (nicht Reaktionsspiele) ab.

Wie kann man einen Konkurrenten lieben? Man hat Angst zu verlieren. Dieses Gefühl muß man verbergen, sonst wird man vielleicht ausgelacht. Man fühlt sich dumm und minderwertig und wird unsicher: zu Recht, schließlich ist der Verlierer weniger wert, das liegt in der Definition. Aus Angst zu verlieren wird man rücksichtslos, ist man bereit, unehrlich zu sein.

Aber man muß auch noch so tun, als akzeptiere man sein Versagen. Wut und Enttäuschung dürfen nicht ausgedrückt werden, denn dann ist man zu allem Überfluß auch noch ein schlechter Verlierer. („Das ist doch nur ein Spiel“: schon wieder dieses „nur“! „Hab dich nicht so“ – heißt im Klartext: Deine Gefühle sind unwichtig.)

Der Gewinner verstärkt sein Selbstbewußtsein auf Kosten der Schwächeren, Unsicheren, „Dummen“, derer, die eventuell langsamer reagieren, mehr bei Handlungen nachdenken (wieso ist das plötzlich etwas Negatives?).

Und was sollen Ausscheidungsspiele, wenn das Kind, das die schlechteste Reaktion zeigt, als erstes ausscheiden muß, weil das die Spielregel verlangt. Während dieses Spiels kann es seine Reaktionen bestimmt nicht trainieren; das dürfen nur die „Guten“, die dann automatisch weiterhin die sicherste Chance haben, „Beste“ zu sein.

Viele Konkurrenzspiele kann man so umfunktionieren, daß sie ohne Angst und Hektik gespielt werden können, z. B. „Feuer – Wasser – Erde“ ohne Rausschmeißen. Wenn man das tut, merkt man, wie einschichtig sie im Grunde sind: Sie beziehen ihre Spannung nicht aus der Vielfalt von Möglichkeiten und Ideen, sondern allein aus der Möglichkeit rauszufliegen.

Nun kann man dem entgegenhalten, daß man ja *auch* zu Sozialverhalten erzieht und ein bißchen Konkurrenz dem ja nicht schadet. Sind Sie da so sicher? Auf die Problematik widersprüchlicher Ziele sind wir schon eingegangen; aber selbst wenn man annimmt, man könne zu widersprüchlichen Zielen gleichzeitig erziehen, fällt auf, daß man von Methoden, die (echtes, nicht erzwungenes) Sozialverhalten fördern, sehr wenig hört. Es ist erstaunlich, wie eine Pädagogik, die es vermeidet, ein Prinzip der Mengenlehre auszulassen, soziales Verhalten dem Zufall o.ä. überläßt; es mehr oder weniger nur „in Kauf nimmt", wenn nicht gar, wie in der Schule bei Schularbeiten, unterbindet. Über Methoden, die den Kindern die Piagetschen Invarianz- und Seriationsbegriffe beibringen wollen, wird mehr pädagogisches Nachdenken aufgebracht als über Methoden der Erziehung zu sozialem Verhalten und Kreativität. Bei einem Ziel, das so oft (zumindest als Anforderung an die Kinder) im Munde geführt wird, ist das eigentlich erstaunlich. Spricht das nicht doch für Nachrangigkeit?

Man muß das, was man tut, auch bewußt wollen; es genügt nicht, daß man sich z.B. nicht oft einmischt, weil man seine Augen ohnehin nicht überall haben kann. Aufgabe und Arbeit des Pädagogen ist es, Lebensbedingungen zu schaffen, innerhalb derer die Kinder das, was sie werden sollen, strukturell schon ausprobieren und ausüben können. Die Lebensbedingungen müssen so aussehen, daß die Kinder das erfahren, was sie lernen sollen: die Achtung des anderen, die sich ausdrückt in Achtung seiner autonomen Persönlichkeit, seiner Handlungen, seiner Gefühle und Bedürfnisse; die Annahme des anderen, Toleranz und Offenheit, Interesse an ihm; eine vernünftige Form, auftretende Konflikte zu lösen; die selbständige Auseinandersetzung mit der materiellen und sozialen Umwelt. Der Mut, etwas zu wagen, die Stärke, Schwierigkeiten zu meistern und mit Mißerfolgen fertig zu werden, Lebendigkeit und Freude können sich nur entwickeln, wenn sie erlebt werden.

Mit Laissez-faire hat also unser Stil überhaupt nichts zu tun, im Gegenteil. Allerdings auch nicht damit, sich zufriedenzugeben, daß man etwas ja „gut meint". Das nützt dem Kind gar nichts und bringt nur in die gefährliche Nähe jener Erzieher des 19. Jahrhunderts, die nicht müde wurden zu betonen, daß ihnen selbst die Schläge, die sie dem Kind zu seinem Besten geben müssen, am wehesten tun.[30] Erziehen ist eine Fertigkeit, die durchaus „technische" Kenntnisse verlangt; nach unserer Auffassung nicht Kenntnisse des Bastelns, ja nicht einmal so sehr didaktische Fertigkeiten, sondern Kenntnisse des zwischenmenschlichen Umgangs, der Umweltgestaltung, aber auch diagnostische und strukturierende Fähigkeiten. „Das Unglück der Pädagogik – wie übrigens auch das der Medizin und vieler anderer Fächer, die zugleich auf einer Fertigkeit und einer Wissenschaft beruhen – ist nämlich, daß die besten Methoden die schwierigsten sind" (PIAGET).[31]

Es gibt ein Buch, in dem die kommunikative Technik eines zwischenmenschlichen Umgangs ausgearbeitet und ausführlich dargestellt wird, die das Kind achtet und annimmt: GORDONs „Familienkonferenz".[32] Unser pädagogischer Ansatz, d.h. die Methodik unseres pädagogischen Handelns, basiert darauf so stark, daß wir im folgenden aus Verständnisgründen ziemlich ausführlich auf den sprachlichen Ausdruck von Achtung und Annahme eingehen müssen, womit wir natürlich nicht GORDONs Buch ersetzen können und wollen. Kommunikation und Konfliktlösung werden mit dieser Methode in einer Weise gestaltet, daß das Kind zum Partner wird; die Eltern und Erzieher müssen dabei auch keine unfehlbaren Götter sein, sondern „nur“ aufrichtig und um eine konstruktive Form des Umgangs ehrlich bemüht. Auf der Rückseite des Buches heißt es: „Zwischenmenschliche Beziehungen müssen zur Zufriedenheit aller geregelt werden – das ist ‚alles‘. Es befreit die Eltern von Schuldgefühlen und dem Druck, ihre Kinder ständig ‚erziehen‘ zu müssen.“

Möglich ist das nur auf der Basis eines humanistischen Denkens: Nur Erwachsene, die ihren Kindern die ganz gewöhnlichen Menschenrechte zugestehen, können ihnen helfen, zu selbständigen, handlungsfähigen und liebenden Menschen heranzuwachsen. Nur Erwachsene, die ihre Gefühle, ihr Einfühlungsvermögen noch nicht auf dem Altar des sachlichen Verstandes geopfert haben, sehen dies ein.

„Wir müssen ... zum Bewußtsein unserer selbst gelangen, um das Gute wählen zu können, aber diese Selbsterkenntnis wird uns nicht weiterhelfen, wenn wir die Fähigkeit eingebüßt haben, innerlich angerührt zu werden von der Not eines anderen menschlichen Wesens, vom freundlichen Blick eines anderen, vom Gesang eines Vogels und dem frischen Grün des Grases. Wenn der Mensch dem Leben gegenüber gleichgültig wird, besteht keine Hoffnung mehr, daß er das Gute wählen kann. Dann ist sein Herz ... so verhärtet, daß sein ‚Leben‘ zu Ende ist“ (FROMM).[33]

Achtung und Annahme als Grundlage des pädagogischen Ansatzes Oder: Die Grundregeln des sozialen Umgangs in unserem Kindergarten

Achtung als die Basis von Annahme beinhaltet dreierlei: zum einen, daß man die (ziemlich wackelige) Selbstachtung des Kindes pflegt und nicht (z.B. durch abwertende Äußerungen) schädigt. Zum zweiten, daß man das Kind als gleichberechtigt anerkennt, es also nicht hierarchisch ver-achtet. Eine nonverbale Geste dieser Anerkennung besteht z.B. darin, daß man mit ihm in Augenhöhe spricht, d.h. sich zu ihm hinabbeugt bzw. noch besser in die Knie oder Hocke geht (wir setzen uns auch öfter auf den Boden). Es ist für die Kinder nämlich sehr anstrengend, immer nach oben schauen zu müssen, und es erzählt ihnen immer davon, daß sie klein sind (vgl. Abb. S. 13). In der Hocke, in der Kniebeuge oder beim Sitzen am Boden hat man denselben Horizont mit den Kindern, und man ist für sie mit den Augen, Ohren und dem Körper erreichbar. Als drittes muß die Anerkennung als getrenntes Wesen hinzukommen, also die seiner Autonomie. Dies ist am schwersten einzusehen, da es wiederum dem Handlungsmotiv des Gut-Meinens entspringt, wenn sich Erziehende verantwortlich fühlen, das Leben des Kindes „richten“ zu müssen. Trotzdem ist dieser Aspekt unerläßlich, und wir werden auf ihn zurückkommen.

Kann man fordern, daß Achtung die Grundregeln des sozialen Umgangs bestimmen soll, ist es mit der Annahme schon schwieriger, denn diese ist laut GORDON ein Persönlichkeitsmerkmal: Man ist also von seiner Persönlichkeitsstruktur her mehr oder weniger annehmend. Zusätzlich gibt es Schwankungen durch unterschiedliches Wohlbefinden und unterschiedliche Situationen sowie dadurch, daß Erwachsene darüber hinaus verschiedene Kinder-„Typen“ unterschiedlich „verkraften“ und damit annehmen können.[34]

Das Falscheste, was man tun kann, ist jedoch eine falsche Annahme[35]: Zum einen ist sie unbefriedigend, da sich der Erziehende nachgiebiger gibt, als er in Wirklichkeit innerlich ist, und dadurch Frustrationen erlebt und aushalten muß; zum zweiten sind Schuldgefühle, die dadurch (oder durch eruptive Ausbrüche ins Gegenteil) entstehen, einer sozialen Beziehung nie förderlich; und schließlich ist falsche Annahme ganz schlicht ineffektiv, wenn nicht schädlich: Denn Kinder spüren fehlende Echtheit und können aus einem gequälten Blick oder anderen nonverbalen Botschaften durchaus erkennen, daß etwas nicht stimmt. Vor allem wenn sie widersprüchliche Botschaften öfter bekommen, werden sie verwirrt, suchen nach der angedeuteten, aber verschleierten Grenze und werden insgesamt eher störrisch als „handsam“. Aus diesem Grund ist auch die Ansicht, man könne ein Kind annehmen, sein Verhalten aber nicht, ein nicht ungefährlicher Selbstbetrug.

Es genügt wirklich, wenn man mit Achtung anfängt. Vieles wird sich von selbst lockern: Hauptsächlich lockert sich nämlich die Verkrampfung der Erzieherin. Dann ist es z. B. auch kein Unglück, wenn jemandem etwas umfällt oder wenn etwas kaputt geht. Es kann jedem passieren, daß er Getränke, Joghurt, Sirup, Suppe, flüssige Farbe, Wasser umschüttet, Geschirr zerbricht usw. Man muß eine solche Situation nicht noch durch Äußerungen peinlicher machen; sie ist (auch für die Kinder) schon peinlich genug. Wenn man Umgeschüttetes in aller Ruhe und ohne Panik wegputzt (meistens machen das unsere Kinder sowieso selber), zerbrochenes Geschirr schlicht und ohne Hektik, Eile und Aufregung wegräumt, überträgt sich diese Gelassenheit (für uns ein sehr wichtiger Begriff) auf die Kinder und die gesamte Atmosphäre.

Wir haben mit Absicht ein harmloses Beispiel gewählt, bei dem auch Sie vielleicht schon nicht mehr nervös werden müssen. Bei den folgenden Beispielen und Grundregeln wird es zum Teil durchaus sehr schwer; besonders, wenn es um die sozialen Probleme von Kindern geht, mit denen man ja mitleidet. Das Problem ist, daß z. B. einem abgelehnten Kind unser Mitleiden nichts hilft. Mitleiden besteht nämlich in Identifikation, was sehr für die Liebesfähigkeit der Erzieherin spricht, aber auch für eine Hilflosigkeit im methodischen Angehen dieser Probleme, das, wenn es dem Kind wirklich helfen soll, in einem therapeutischen (davon spricht auch GORDON) Umgang bestehen muß. Der ganze pädagogische Ansatz ist der Aufbau eines langen Prozesses, der auch bei uns lange gedauert hat. Es ist nur wichtig, daß man sich für ihn interessiert und damit anfängt; er wird zunehmend leichter. Und eines Tages kommen Ihnen die folgenden Grundregeln des sozialen Umgangs mit Kindern nicht mehr seltsam, sondern ganz normal vor.

Das Kind hat ein Recht auf Achtung seines Körpers, seines Besitzes und seiner Werke

Es herrscht kein Essenszwang

Autonomie fängt bei den einfachen Körperfunktionen an, und ein Kind, das Essen verweigert, hat einen Grund dafür: Übelkeit, Magen-Darm-Beschwerden, Unwohlsein, Ängste, Unverträglichkeit (z.B. Milch!), aber auch schlichte Abneigung: Für jeden Menschen gibt es Gerichte, die er nicht mal riechen, geschweige denn essen mag; man zwingt ja auch einen Erwachsenen nicht, etwas „wenigstens zu probieren".
Wir fühlen uns grundsätzlich nicht dafür verantwortlich, was und wieviel das Kind ißt; wir kontrollieren und bestimmen das nicht, sondern übergeben dem Kind die Verantwortung. Ein gesundes Kind in einer entspannten Atmosphäre ißt soviel, wie es braucht, und kein Kind auf der Welt ist jemals freiwillig verhungert.

Auf die Toilette gehen

Die Kinder sagen uns Bescheid (müssen nicht fragen!), wenn sie auf die Toilette gehen. Sie können alleine oder zu zweit gehen und ohne Aufsicht; auch während des Essens oder einer gemeinsamen Beschäftigung. So ein dringendes Bedürfnis kann man nicht verschieben oder gar verbieten. Nach dem Mittagessen, d.h. vor dem Mittagsschlaf, gehen wir gemeinsam auf die Toilette, aber ohne Kontrolle.

In die Hose machen

Es kommt immer wieder vor, daß ein Kind in die Hose oder (beim Mittagsschlaf) in das Bett näßt. Wir haben genügend Reservewäsche bereit, für große, kleine, dicke und dünne Kinder. Die Kinder ziehen sich, soweit sie es können, selbst um oder lassen sich von uns oder anderen Kindern helfen (Freunde lassen sich nämlich dabei nicht im Stich!).
Egal, aus welchem Grund es passiert ist, haben negative Reaktionen nur negative Folgen. Wenn das Kind zu Hause oder im Kindergarten ausgelacht, beschimpft oder erniedrigt wird, wird es nicht vom Nässen geheilt, sondern leidender. Wir vermeiden Beachtung und Aufmerksamkeit des Malheurs, auch „positive": Denn: „Schön, daß du heute mal trocken bist", heißt: „Es war nicht schön, daß du gestern in die Hose gemacht hast. Hoffentlich machst du morgen nicht wieder."

Die Kindertäschchen gehen uns nichts an

In den Kindertäschchen nachzusehen, ist eine Geste des Mißtrauens und eine tiefe Beleidigung für den Erwachsenen wie für das Kind. Aus diesem Grund sehen wir nie in den Täschchen nach, auch wenn Verdächtigungen aufkommen. Für die Brotzeit gilt Entsprechendes: Die Kinder dürfen mit ihrer Pause nach ihren Bedürfnissen umgehen, sie essen oder nicht essen, sie verschenken oder vertauschen.

Mitgebrachtes Spielzeug

Jedes Kind kann von zu Hause Spielsachen nach seiner Wahl in den Kindergarten mitbringen. Für die mitgebrachten Spielsachen ist ausschließlich der Besitzer, das Kind, verantwortlich; wir teilen dies auch regelmäßig den Eltern mit. Diese Regel haben wir eingeführt, weil wir die Gründe verstehen und akzeptieren: Z.B. werden Schmusetiere aus emotionalen Bedürfnissen heraus mitgebracht; anderes Spielzeug aus Gründen der sozialen Anerkennung oder aus dem Bedürfnis, mit diesem speziellen Gegenstand spielen zu wollen. Trotzdem hält sich das Mitbringen in Grenzen, da die Kinder sehr schnell merken, daß es auch Nachteile gibt: Es kann sehr anstrengend und lästig werden, den ganzen Tag auf sein Spielzeug aufpassen zu müssen. Wir haben *eine Ausnahme:* mitgebrachte Waffen werden im Büro deponiert.
Anders halten wir es inzwischen mit den im Gruppenraum selbstgebastelten Waffenattrappen. Erfahrungen haben uns gezeigt, daß das Unterbinden von aggressiven Spielen zu geheimen Drohungen unter den Kindern führen kann. Es wirkt weniger ängstigend, wenn ein Kind mit der Waffe aus Lego droht (das sehen wir auch leichter), als wenn es dem anderen Kind zuflüstert: „Mein großer Bruder verhaut dich." Ängste dieser Art kann das betroffene Kind sehr schwer der Erzieherin mitteilen; es kann aber leichter sagen: „Der schießt auf mich." Bei „aggressiven Spielen" gelten Regeln; wenn jemanden das Spiel beängstigt oder stört, greifen wir ein.

Achtung vor dem Werk des Kindes

Da die Kinder jederzeit ihr Spiel unterbrechen und liegenlassen können, z.B. wenn sie Brotzeit machen oder einen Freund, der endlich kommt, empfangen, kann es Probleme geben.

Abzuwägen ist zwischen dem Recht des Kindes auf sein Werk (man kann schließlich nicht von ihm verlangen, daß es immer darauf hokkenbleibt oder es verteidigen muß) und dem Recht anderer Kinder, „echt", nämlich innerlich verlassene Spielorte und -materialien für das eigene Spiel zu verwenden. Wir halten uns an die Regel des Fragens, die die Kinder leicht und schnell akzeptieren, weil damit ja auch sie selbst geschützt werden. Nur neuen Kindern ist das nicht so schnell geläufig.

Dominik ruft in den Raum hinein: „Ich will endlich schaukeln, wer hat hier gebaut?" Senad hört ihn und gibt zur Antwort: „Du mußt den Alexander fragen." Dominik fragt und bekommt ein „Ja".

Senad will eine Höhle bauen und hat weder Decken noch Polster zur Verfügung. Er sieht eine Höhle, die gerade nicht benützt wird, und fragt ein paar Kinder: „Wer hat die Höhle gebaut?", bis er erfährt, daß Claudia die Besitzerin ist. Sie sitzt gerade bei der Brotzeit und gibt die Höhle nach kurzer Überlegung frei. Senad, Dragan und Alex schleppen das Höhlenmaterial in eine andere Ecke und bauen eine vollkommen neue Höhle nach ihrem Geschmack.

Nima baut sich eine Höhle; seiner Ansicht nach fehlt ihm noch eine Decke. Er geht zu einer Gruppe und fragt nach einer Decke. Leider ist nichts zu machen, die brauchen ihre Decken selber. Nima versucht es noch einmal bei einer anderen Gruppe, aber wieder ohne Erfolg. Er schaut sich im Raum um, ob er sich irgendwo heimlich eine Decke stibitzen kann. Es klappt wieder nicht.

Zögernd geht er auf Jasmins Auto zu, das auch aus Decken und Stühlen besteht, und nimmt einen durchsichtigen Vorhang. Meike ist dagegen und verteidigt Jasmins Auto. Nima wiederholt noch zweimal seinen Versuch, zu einer Decke zu kommen, bis er zu mir kommt und sein Leid klagt. „Niemand will dir eine Decke geben! Alle brauchen ihre Decken selber!"

Nima nickt, ist nicht wütend, aber traurig. Von mir verstanden, hat er auch Verständnis und ist dabei, seinen Plan fast aufzugeben; da entdekken wir zur gleichen Zeit eine Decke, die auf dem Fensterbrett liegt. Nima freut sich und geht auf sein Ziel zu.

Genau vor dem Fensterbrett hat sich Olivera eine Höhle gebaut, und Nima ist sich nicht sicher, ob sie die Decke braucht. Obwohl Olivera jünger ist und er durch seine Frage das entdeckte Objekt wieder verlieren könnte, fragt er trotzdem: „Brauchst du die Decke?" Entweder braucht Olivera die Decke wirklich nicht, oder sie hat das Flehen in der Frage und den Blicken von Nima erkannt, jedenfalls schüttelt sie den Kopf und erlaubt ihm, die Decke zu nehmen. Glücklich zieht Nima in seine Höhle, und ich höre ihn sagen: „Jetzt ist es ganz dunkel in meiner Höhle!"

Das Kind hat ein Recht auf Achtung seiner Handlungen und Entscheidungen

Die Kinder entscheiden selbst, wer mitspielen darf, und haben das Recht, „nein" zu sagen

Die Spielpartner suchen sich selbst gegenseitig; und „nein" zu sagen, bedeutet nicht, unsozial zu sein. Wir fordern kein Kind auf noch bitten wir es, ein anderes Kind mitspielen zu lassen, weil wir überzeugt sind, daß soziales Verhalten nicht durch Druck erreicht werden kann (bitten ist auch Druck!).
Ein Kind, das durch die „Hilfe" der Erzieherin in die Gruppe kommt, hat eine Sonderstellung, die es nicht unbedingt beliebt macht (Protektion). Jeder, der jüngere Geschwister hatte und die mitspielen lassen mußte, kennt die Tricks, mit denen sich Kinder an diesem Kind dann dafür rächen können und oft dafür sorgen, daß dieses „freiwillig" das Spiel wieder verläßt. Und man nimmt dem Kind eine der wichtigsten Lernerfahrungen: selbständige Kontaktaufnahme.

Claudia (6) spielt mit Nina (4) in der Puppenecke. Franz ist seit fünf Minuten im Raum und begibt sich in die Gegend der Puppenecke, um das Spiel kurz zu beobachten. Ich höre ihn fragen: „Darf ich mitspielen?" Claudia antwortet kurz und bündig mit einem klaren „Nein". Es ist schwer, eine Absage zu verkraften, für Franz ganz besonders. Oft beachtet er so eine Absage deshalb nicht und drängt sich ins Spiel, das dann mit einem Streit endet.
Um ihm die unangenehme Situation erträglich zu machen, nehme ich ihn auf den Arm und versuche, ihm klarzumachen: „Ich finde es sehr

gut, daß du gefragt hast, ob du mitspielen darfst, und ich kann verstehen, daß du jetzt traurig bist oder vielleicht auch wütend, weil die Claudia ‚nein' gesagt hat und dich nicht mitspielen läßt, aber das darf sie. Jeder darf ‚nein' sagen, du auch."

Franz ist enttäuscht und findet sich mit der Tatsache immer noch nicht ganz ab, daß er auf eine höfliche Frage ein klares „Nein" bekommen hat. Claudia hat meine Erklärungen gehört und genießt ihr Recht, selbst entscheiden zu dürfen. Ich bitte sie natürlich nicht, Franz doch noch mitspielen zu lassen. Franz rutscht von meinem Arm, und ich entferne mich. Da höre ich Claudia freundlich sagen: „Komm, Franz, du darfst mitspielen!"

Kein Kind muß beweisen, daß es „sinnvoll" beschäftigt ist; es darf Zeit „nutzlos" vertun

Eine „Beschäftigung" des Kindes im Freispiel lenkt es von seinen Gedanken und Interessen ab, besonders wenn es wenig Selbstvertrauen hat und darum dazu neigt, gleich „brav" auf die Vorschläge der Erzieherin einzugehen. Man nimmt ihm damit die Chance, die eigenen Bedürfnisse, Gefühle und Handlungswünsche kennenzulernen und zu verwirklichen, und man verbaut ihm damit Lernerfahrungen, die vielleicht nicht so vordergründig, deswegen aber nicht unwichtiger sind.

Deshalb ist bei uns alles erlaubt: herumstehen und -sitzen, zuschauen und beobachten (das hat bei uns sowieso hohen Stellenwert), nachdenken, von einem Spiel zum anderen gehen, ausprobieren, alleine spielen, „faul" sein, ausgelassen sein, „toben", in Ruhe gelassen werden. Keiner muß Leistungen und Ergebnisse vorweisen, und wir vermeiden auch innere Erwartungen, daß das Kind etwas „Gescheites" spielen oder sozial sein soll.

Wir hatten Kinder, die ein Vierteljahr wirklich „nur" zugeschaut haben und dabei von uns nicht beschäftigt, motiviert oder getröstet wurden. Und wenn ein Kind in unserem Kindergarten drei Jahre in der Bauecke bauen will, dann darf es das selbstverständlich.

Es stimmt auch nicht, daß ein Kind auf „dumme" Gedanken kommt, wenn es nicht beschäftigt wird. Dummheiten sind einmal Ansichtssache, zum anderen entspringen sie höchstens Frustration oder Unsicherheit (z. B. fordert Regelinkonsequenz die Suche nach Grenzen heraus).

Das Kind hat das Recht, selbst zu entscheiden, wann es uns und unsere Liebe braucht

So lächeln wir z. B. ein ankommendes Kind an, begrüßen es, aber fühlen uns nicht dafür verantwortlich, ihm den Einstieg in den Kindergarten zu „richten". Auch Trost und Zärtlichkeit erfolgen erst, wenn das Kind dies will. Unsere Kinder wissen, daß sie jederzeit zu uns auf den Schoß kommen können; die Entscheidung, daß sie es wollen, liegt bei ihnen. Ist ein Kind traurig, setzen wir uns daneben und bemühen uns, innerlich bei ihm und seinem Schmerz zu sein; nonverbale Gesten machen ihm das Angebot, bei uns Trost zu suchen, aber die Entscheidung, das Angebot anzunehmen, liegt beim Kind.

Das Kind hat ein Recht auf Achtung seiner Stimmungen und Gefühle

Stimmungen werden akzeptiert und zugelassen

Gefühle kann man nur erleben, wenn man Zeit dazu hat, also nicht beschäftigt wird oder Aktivität vorweisen muß, abgelenkt oder sofort getröstet wird. Und man kann seine Bedürfnisse nur kennenlernen, wenn man seine Stimmungen und Gefühle danach „befragt": Sie sind der beste Gradmesser für alle Selbsterkenntnis.
Manchmal haben Kinder das Bedürfnis, sich zurückzuziehen. Sie fühlen sich nicht wohl, haben Erlebnisse zu verarbeiten. Dafür brauchen sie Ruhe, und sie werden in Ruhe gelassen. Das, was ihnen Sorgen macht, wird durch unser „Aufmuntern" (schön Wetter machen) nicht verdaut, sondern nur verdrängt. Wir lassen natürlich Kinder in solchen Stimmungen nicht aus den Augen, und wenn sich vom Kind aus eine Möglichkeit ergibt, mit uns zu sprechen oder Körperkontakt aufzunehmen, findet das sofort statt (wir fangen jedes Zeichen auf).

Nach einem Konflikt legt sich Elena auf zwei Stühlen in die Puppenecke. Sie steckt ihre Finger in den Mund, rollt sich in eine Decke ein und jammert still vor sich hin. Von den Kindern, die in der Puppenecke spielen, bekommt Elena soviel wie gar keine Aufmerksamkeit. Ab und zu, wenn sie besonders auffällig jammert, wird sie kurz getröstet, so nebenbei gestreichelt. Ihr Verhalten stört die Gruppe nicht – es sieht sehr gespielt, etwas unecht aus –, aber sie können auch nichts damit anfangen, haben kein Interesse an ihr, sind zu sehr mit ihrem Spiel beschäftigt. Es wird ihr auch angeboten mitzuspielen, aber sie bleibt „kränkelnd" passiv liegen.
Ich könnte sie auch auf den Arm nehmen, sie aufmuntern, sie trösten...? Claudia wird aufmerksam und beginnt Elena zu fragen, was los sei, aber sie bekommt keine Antwort, *nur* sehnsüchtige und mitleidsvolle Blicke. Trotzdem weiß sie anscheinend, was Elena von ihr will, denn sie bleibt bei ihr, streichelt sie, redet mit ihr, deckt sie noch mit einer anderen Decke zu, sorgt und kümmert sich um sie. Elena wird zusehends lockerer, lächelt kraftvoller. Befreit von ihrer Traurigkeit, die sie sehr ausgekostet hat, steht sie auf und spielt mit Claudia weiter.

Lachen und Weinen, Wut und Toben

Selten ist das Lachen eines Kindes Schadenfreude, wenn es eigentlich nichts zu lachen gibt! Es drückt oft sein peinliches Berührtsein (oder auch seine Wut) mit einem verlegenen Lachen aus, um sich durch das Weinen keine Blöße zu geben. Dieses Lachen ist kein Ausdruck von Frechheit, Unverschämtheit oder Gleichgültigkeit. Wir verstehen es als verstecktes Weinen. Vorwürfe wie „Wer wird denn da gleich weinen“, „Du mußt nicht gleich weinen, so schlimm ist das nicht“, „Buben weinen nicht“, „Du bist schon groß, da weint man nicht mehr“ hinterlassen Spuren.
Wir lassen uns durch das Weinen eines Kindes nicht in Panik versetzen, egal wie laut und schrecklich es sich anhört. Wenn ein Kind schreit und tobt (egal aus welchem Grund), lassen wir ihm die Möglichkeit, sich abzureagieren. Jeder darf weinen und sich auch ausweinen. Es wird weder negativ noch positiv beurteilt („Du armes Kind, jetzt wein doch nicht gleich, es ist nicht so schlimm“), sondern als „normaler“ Vorgang angenommen, was es ja auch ist. Das weinende Kind wird von niemand ausgelacht (Heulsuse), sondern getröstet.
Wenn ein Kind tobt, schreit und wütend ist (sich „aufführt“), wird es nicht böse, frech usw. genannt. Jeder hat das Recht, Wut zu haben und sie auch zu zeigen und auszusprechen. Wenn ein Kind öfter besonders laut und unkontrolliert aggressive Ausbrüche hat, bitten wir die Eltern, zu einer Beratung zu gehen.
Und natürlich werden unseren Kindern Gefühle, und seien sie noch so heftig, nicht ausgeredet: Die Kinder wissen schließlich selbst am besten, was sie und wie intensiv sie fühlen.

Gefühle sind wichtig

Wir sprechen über Gefühle, positiv und ausführlich; aber gemäß dem Situationsansatz natürlich dann, wenn das Thema von den Kindern her auftaucht.

Susanne war bei einer Blutuntersuchung. Es hat weh getan, und Susanne hat zugegeben, daß sie geweint hat, als man ihr das Blut abgenommen hat. „Ich weine nie, wenn ich beim Zahnarzt bin!“, meint Tomi. Ich äußere mich, daß ich schon weine, wenn ich traurig bin. Verwunderung: Wieso? Erwachsene weinen doch nicht! „Ich glaube schon, daß sie weinen; sie trauen sich's nur nicht vor anderen Leuten oder vor ihren Kindern, vielleicht haben sie Angst! Sie schämen sich, oder sie wollen euch nicht traurig machen, oder sie meinen, daß sie ausgelacht werden.“
Kind: „Aber Papis weinen nie, weil Männer nicht weinen!“ „Das finde ich schade; sie haben doch auch Tränen, die mal 'raus müssen! Sie sind doch auch mal traurig und wollen vielleicht getröstet werden, aber sie sind es nicht gewöhnt, weil man so oft zu den Buben sagt, die ja später die Männer sind, daß Buben nicht weinen!“ Reaktionen: „Meine Mama hat schon mal geweint.“ „Meine auch.“ „Mein Papa war auch mal traurig.“

Verliebtsein wird ernst genommen

Das ist überhaupt kein Thema, das den Erwachsenen zu herablassendem Lächeln berechtigt. Für dieses Gefühl sind Kinder keineswegs zu klein, und wir wünschen ja schließlich auch, daß sie uns lieben.

Mädchen am Bau – und ein zärtlicher Vater

Wir sprechen über diese Gefühle der Zuneigung ebenso wie über Weinen und Traurigsein und gehen auch ernsthaft auf „Liebeskummer" ein. Das beinhaltet z. B. auch, daß auf Sitzwünsche befreundeter und verliebter Kinder eingegangen wird.

Manchmal verliebt sich auch ein Kind in eine Erzieherin. Jeder, der Verliebtsein erlebt hat und kennt, weiß um die Schmerzen vor allem des Anfangs, der Zeit, in der man sich dem geliebten Menschen kaum zu nähern traut. Nur durch Eingehen darauf, aber auch durch Taktgefühl kann das Kind in diesem Prozeß den Mut gewinnen, seine Liebe freier auszudrücken.

Meike verabschiedet sich zärtlich von ihrem Vater und bleibt an der Türe stehen. Genau einen Schritt weiter setzt sie sich auf den Tisch neben der Türe. Von dort aus beobachtet sie die Kinder. Verschämt sucht sie etwas aus ihrer Tasche, und nach langem Hin und Her entdecke ich, daß sie in ihren Händen Strümpfe versteckt hält. Sie geht zwei Schritte rückwärts, wendet mir halb den Rücken zu, hält sich mit einer Hand an dem Tisch fest, an dem ich sitze, in der anderen hält sie versteckt die mitgebrachten Strümpfe. Nur ein kurzer Blick gilt mir, dann sieht sie wieder konzentriert, so soll es wenigstens aussehen, zu den Kindern hin. Ich sollte wohl bemerken, was sie in ihrer Hand hält, und ich gebe es ihr unmißverständlich zu: „Ich sehe etwas in deiner Hand, das sieht aus wie ein Strumpf!" Meike antwortet mit zwei kurzen, fast verliebten Blicken, mit Schultern-Hochziehen, Kopf-Drehen und Augen-Rollen. Sie wendet sich meiner Kollegin zu, stupst sie und überreicht ihr die Strümpfe!

Außer ein paar schüchternen Blicken nimmt sie keinen Kontakt mit mir auf. Unauffällig setzt sie sich an meinen Tisch und macht sehr lange und ausgiebig Brotzeit. Sie fühlt sich aufgehoben und beschäftigt; sie beobachtet scharf alles, was geschieht. Dominik setzt sich neben sie; eine etwas künstliche Unterhaltung entsteht. Meike ist es viel wichtiger zu sehen, was passiert. Olivera läuft zu mir, umarmt mich spontan und rennt wieder weg. Sie wiederholt es einige Male und sitzt für kurze Zeit auf meinem Schoß. 1¼ Stunden sind vergangen, und jetzt entschließt sich Meike, mit Dominik am anderen Ende des Raumes eine Höhle zu bauen. Sie verabschiedet sich von mir mit einem intensiven Blick. Die Höhle ist bald fertig, und Meike verkriecht sich darin, doch bemerke ich, daß sie durch die Sprossen der Stühle nach meinen Blicken sucht. Von weitem lächle ich ihr entgegen, und sie lächelt zurück. Nicht mehr so verstohlen treffen sich unsere Blicke öfters! Später gehe ich „zufällig" an ihrer Höhle vorüber; erneut treffen sich unsere Blicke, aber sie weicht mir gleich wieder aus. Sicher bin ich ihr zu nahe! Als ich wieder weit genug entfernt bin, strahlt sie mich an, schlüpft aus der Höhle und geht ein paar Schritte spazieren.

Heute ist Meike bereits mutig genug, mich zu necken. Sie genießt es, auf mich zuzugehen und sich wieder zurückzuziehen, dieses Spiel der Zuneigung immer wieder zu erproben. Was wäre geschehen, wenn ich ihre Gefühle für mich belächelt hätte? Oder wenn ich sie brutal zur Sprache gebracht, sie zerredet hätte? Gefühle sind eine zarte Pflanze, die man leicht zertreten kann, aus Unachtsamkeit, aber auch aus Ungeschicklichkeit.

Das Kind hat ein Recht auf gleiche (gerechte) und individuelle Behandlung

Gleiches Recht für alle

Alle Spielsachen und Materialien sind für alle Kinder da, egal wie alt ein Kind ist und ob es damit umgehen kann (Kleber, Schere, auch Messer beim Essen und Brotzeitmachen). Und alle Regeln gelten für alle Kinder gleich. Sprachlich drücken wir das bereits so aus, daß wir nicht sagen: „Du sollst...", sondern: *„Bei uns..."* (gelten diese und jene Regeln).
Neue Kinder brauchen Zeit, um daran zu glauben und es zu erfahren.

Der „Bestimmer" sein

Aus dem Bisherigen sollte eigentlich schon recht klargeworden sein, daß wir es nicht gerade mit dem „Bestimmen" haben. Trotzdem ist es manchmal notwendig, weil ein Bedürfnis-Konflikt vorliegt, der durch die Regel des „Bestimmer-Seins" gelöst werden kann.
Manche Kinder versäumen es öfters, an einem für sie beliebten Platz spielen zu können: Man traut sich nicht, man möchte überall sein, man kann mit der Gruppe, die sich bereits an jenem Ort befindet, nicht zurechtkommen, man kommt zu spät, man kann sich nicht durchsetzen usw. Damit das Kind zu seinem Wunsch kommt, kann es sich für den *nächsten* Tag den Platz oder das betreffende Spielzeug reservieren. Das wird von den Kindern akzeptiert, weil jeder dazu das Recht hat. (Es ist erstaunlich, wie schnell Kinder Regeln akzeptieren, wenn sie dabei das Gefühl haben, daß es gerecht zugeht und sie nicht um ihr Recht kämpfen müssen, d.h. uns bei der Einhaltung und Überwachung der Regeln vertrauen können.) Wir schreiben den „Bestimmer" auf ein großes Papier bzw. führen im Notfall eine Liste, damit er und die anderen es wissen.
Passieren kann das auch mit neu eingerichteten Ecken, also Spielorten, die aufgrund ihrer Neuheit besonderen Reiz ausüben. Oft löst sich aber das Problem auch dadurch, daß ein Spielort früher als erwartet aufgegeben wird.

Fertig spielen

Jeder, der selbst gestaltet oder sich mit etwas intensiv beschäftigt, weiß aus eigener Erfahrung und kann es verstehen, daß es ärgerlich und entmutigend ist, wenn man das Angefangene unterbrechen soll, wo man es doch fertigbringen will. Es ist eine bittere Erfahrung, wenn man sich intensiv, leidenschaftlich um eine Sache bemüht und diese dann zugunsten banaler Argumente (in dieser Situation können Argumente wie Ordnung, Aufräumen nur banal sein) geringgeachtet, als unwichtig angesehen wird.
Wenn es irgendwie möglich ist, lassen wir die Kinder ihr Spiel zu Ende führen (z.B. während der Zeit des Aufräumens und Rausgehens vor dem Mittagessen). Wenn es nicht möglich ist (sehr selten der Fall), kündigen wir es rechtzeitig und mit der Bitte um Verständnis an.
Die Angst, daß es dann alle so wollen, ist unbegründet. Es haben nicht alle dasselbe Bedürfnis, jedenfalls ist es bei uns noch nie vorgekommen.
Diese Regel gilt natürlich entsprechend für die folgende Begebenheit:
Ich höre zufällig, wie Wolf (er ist seit einer Woche im Kindergarten) sich mit dem Verspre-

chen, für den Opa ein schönes Bild zu malen, von seiner Mutter verabschiedet. Während des Freispiels denkt er nicht mehr an das Bild, aber als wir das Aufräumen ankündigen, wird er nervös und weigert sich mitzuhelfen. Er läßt sich überreden, eine kleine Aufräumarbeit zu übernehmen, erklärt mir aber dann sehr eigenwillig, daß er jetzt ein Bild malen wolle. Spontan will ich seine sehr fordernd klingende Bitte abschlagen, denn wir sind fast mit dem Aufräumen fertig und wollen etwas Gemeinsames beginnen, da fällt mir wie der Blitz sein Versprechen ein – und er darf malen!

Wie leicht ist es, Verständnis für die Kinder zu haben und auf ihre Bedürfnisse einzugehen, wenn man den Grund kennt. Und wie eindringlich erzählt diese Geschichte, daß bei Sonderwünschen nicht immer Mutwilligkeit oder Eigensinn die Ursache ist, sondern ein guter Grund, den wir nur oft nicht kennen. Die beste „Förderung", das schönste gemeinsame Spiel hätten Wolf an diesem Vormittag nichts gebracht, denn seine Gedanken hätten sich um seine Sorge gedreht, das Versprechen nicht einhalten zu können (ein sehr sozialer und moralischer Gedanke obendrein!). Er hätte sich mit gutem Grund für nichts anderes öffnen können. (Und daß wir ihn während des Freispiels an sein Versprechen erinnern, ist sowieso gegen unsere Grundsätze; das Freispiel ist, wie bereits angesprochen, kein Restposten für die Erledigung anderer Dinge, sondern hat eigenen Wert.)
Wolf hatte an diesem Tag so Wichtiges zu tun, daß er sich erst beim Aufräumen an das Versprechen erinnert hat; wir haben die Wichtigkeit seiner Handlungen anzuerkennen.

Nicht mitmachen

Selbst wenn ein Kind eine Förderung nicht mitmachen will, ist das in Ordnung. Es muß sich dann an bestimmte Regeln halten, z.B. darf es nicht stören (in diesem Fall hat die Förderung Vorrang). Auch „Rausgehen" kann von solchen Ausnahmefällen betroffen sein; mit dem Kind wird dann ausgemacht, *wie* das Problem zu lösen ist (z.B. dadurch, daß es sagt, was es tun will; daß es in die andere Gruppe geht oder mit ins Büro kommt usw.; das Problem der Aufsichtspflicht haben schließlich ja auch wir).

Ein Kind der Nachmittagsgruppe eines anderen Kindergartens hatte einmal große Schwierigkeiten mit gemeinsamen Spielen. Die Gefahr bestand nicht oft, was es erleichtert zur Kenntnis nahm. Wenn sich aber eine solche Sache auch nur am Horizont abzeichnete, kam es zur Erzieherin (mitunter so früh, daß diese staunte) und bat in flehendem Ton: „Gell, ich muß nicht mitmachen."
Obwohl bei diesem extrem schüchternen Kind die Gefahr ohnehin nicht bestand, wurde ihm gelassen die Regel erklärt: „Gut, du kannst zuschauen oder etwas anderes spielen, aber du darfst die anderen nicht stören und ablenken." Dankbar, weil es nicht mitmachen mußte, aber auch, weil es nicht als Außenseiter hingestellt wurde, war das Kind einverstanden.
Das dauerte viele Wochen. Eines Tages spielte die Erzieherin mit mehreren Kindern ein (nicht bei ihr, aber bei den Kindern) beliebtes Tischspiel. Der Kreis wurde immer größer (kein Freispiel!), und plötzlich war auch das ängstliche Kind mehr oder weniger zufällig im Kreis, bekam den Würfel, würfelte und gab den Würfel

weiter. Die Erzieherin hütete sich nun, das Kind daraufhin anzusprechen („Schön, daß du jetzt auch mitmachst!"), ja auch nur anzusehen. Und von diesem Tag an hörte sie viel seltener, schließlich überhaupt nicht mehr: „Gell, ich muß nicht mitspielen?"

„Es kommt nicht darauf an, wie man etwas meint, sondern wie es ankommt"[36]: Definieren und Werten als Sprache der Nicht-Annahme

Machen Sie einen Versuch: Lassen Sie innerlich eine Person, die Sie verehren, all das Ihnen gegenüber aussprechen, was Sie so im Laufe des Tages gegenüber Kindern äußern: Fragen, Ratschläge, Befehle, Belehrungen usw., im selben Ton und mit denselben Worten. Fühlen Sie sich bei dem, was Sie „hören", als anerkannter, geliebter Mensch?
Oder stellen Sie sich vor, ein (erwachsener) Freund betrage sich aus irgendwelchen Gründen so flegelhaft wie im Moment ein Kind: Mit welchen Worten begegnen Sie dem Kind, und mit welchen Worten würden Sie dem Freund nahebringen, daß er sich unmöglich benimmt?
Zweierlei lernt man mit diesen Methoden der Verfremdung: Wie leicht man sich, ohne es zu wollen oder zu merken, lieblos und hierarchisch äußert und wo man mit Veränderungen beginnen muß. Und wenn jetzt das Argument kommt, das Kind spüre doch, daß man es (es muß wohl heißen: trotzdem?) mag, kann man nur antworten: Fein, wenn es das spürt, aber warum stürzen wir es dann mit unseren Äußerungen so in Zweifel? Der Mensch hat doch die Sprache nicht dazu, daß er das Kind damit verwirrt und seinen eigenen nonverbalen Äußerungen widerspricht (die aber im Moment des Ärgers wohl auch nicht annehmend sind). Oder soll sich das Kind aus einem Hin und Her etwa selber raussuchen, was jetzt stimmt? Es besteht kein Zweifel, daß der Erwachsene Empfindungen und Probleme hat, die es wert sind, vermittelt zu werden, nur ist zu fragen, warum das mit einer Abwertung des kindlichen Gesprächspartners gekoppelt sein muß. Das Selbstbewußtsein eines Kindes ist eine so empfindliche Pflanze; knickt man sie aus Unachtsamkeit oder Ungeschicklichkeit, wird das Kind unglücklich; und nur unglückliche Menschen werden hart und „böse".
Grundlage einer gelungenen Verständigung zwischen Menschen ist es, den Kommunikationsprozeß zu verstehen und zu fördern, was bedeutet, daß man destruktive Strukturen meidet und konstruktive anwendet bzw. aufbaut.
Der kommunikative Prozeß hat, kurz formuliert, folgende Struktur[37]: Es gibt einen „Sender", der Mitteilungen ausschickt, und einen Empfänger, der sie aufnimmt. Da man nicht in den anderen hineinkriechen und seine Gedanken lesen kann, muß die Botschaft in einer nonverbalen oder sprachlichen Äußerung geschehen, dem sogenannten Code, der mehr oder weniger verschlüsselt ist. Ob die Verständigung klappt, d. h., ob beim Empfänger genau das ankommt, was der Sender aussandte („meinte"), hängt von der Güte der Botschaft ab: Kluge Kommunikation benutzt einen Code, der vom Empfänger leicht zu entschlüsseln ist. Neben der Fähigkeit des Senders, sich klar auszudrükken (was auch beinhaltet, daß er sich seiner Botschaft, d. h. seiner selbst bewußt ist), bedarf es aber auch der Fähigkeit des Empfän-

gers, zuzuhören und verstehen (zumindest) zu wollen. Für den pädagogischen Bereich heißt das, daß der Erziehende für zwei Dinge verantwortlich ist: Er muß sich selbst klar ausdrükken, also mit gutem Beispiel vorangehen, und er muß dem Kind dazu verhelfen, daß es lernt, sich klar auszudrücken. Es liegt also am Erwachsenen, die Struktur echter Verständigung zu begreifen und anzuwenden, denn woher sollen Kinder Kommunikation lernen, wenn nicht von uns?

Die destruktive Form der Absendung einer Botschaft ist die Du-Botschaft, denn sie drückt Nicht-Annahme aus durch Definieren und Werten: „Du bist ungezogen." GORDON schreibt: „Wenn Eltern (respektive Erzieher, d. A.) etwas *zu* einem Kind sagen, sagen sie häufig etwas *über* ein Kind... Jedesmal, wenn Sie mit einem Kind sprechen, tragen Sie mit einem weiteren Stein zur Form der Beziehung bei, die zwischen Ihnen beiden errichtet wird. Und jede Botschaft sagt dem Kind etwas über das, was Sie von ihm denken. Allmählich macht es sich ein Bild davon, wie Sie es als Person sehen."[38] Wenn man sich dessen bewußt wird, was man alles zu einem Kind sagt, könnte man manchmal erschrecken, und es hilft auch nichts, daß man es nicht so meint. Man verlangt einfach zuviel vom Kind, wenn es hinter negativen Worten, vor allem, wenn sie sich häufen, die positive Grundhaltung suchen und finden soll (das schaffen auch Erwachsene nicht). Wenn eine Erzieherin „einem Kind gegenüber Annahme empfindet, ist das eine Sache; diese Annahme fühlen zu lassen, ist eine andere".[39] Aber auch Probleme der Annahme müssen nicht unbedingt destruktiv ausgedrückt werden: Natürlich hat die Erzieherin ein Problem, wenn das Kind etwas tut, was sie nicht verträgt; dann muß sie aber genau das ausdrücken (ihr Problem) und nichts anderes (z. B. Abwertung).

Du-Botschaften werden aber häufig nicht so sehr deswegen angewendet, weil man den anderen wirklich herabsetzen will, sondern weil man es nicht merkt und nicht besser weiß. GORDON führt eine Liste auf von 12 Reaktionsweisen, die Du-Botschaften darstellen und die er mit Beispielen erklärt:

„1. Befehlen, anordnen, kommandieren
2. Warnen, ermahnen, drohen
3. Zureden, moralisieren, predigen
4. Beraten, Lösungen geben oder Vorschläge machen
5. Vorhaltungen machen, belehren, logische Argumente anführen
6. Urteilen, kritisieren, widersprechen, beschuldigen
7. Loben, zustimmen
8. Beschimpfen, lächerlich machen, beschämen
9. Interpretieren, analysieren, diagnostizieren
10. Beruhigen, bemitleiden, trösten, unterstützen
11. Forschen, fragen, verhören
12. Zurückziehen, ablenken, aufheitern, zerstreuen."[40]

Einige davon sind leicht einzusehen (z. B. die eindeutig herabsetzenden); die Botschaften, die Lösungen senden und belehren, drücken versteckter und „gutgemeint" trotzdem Nicht-Annahme aus. Am schwierigsten sind jedoch die Du-Botschaften einzusehen, die im Grunde doch eine „positive" Reaktion darstellen.

Natürlich ist Loben besser als Strafen; wir haben in unserer Ausbildung eindrücklich genug gelernt, daß Strafen bestenfalls etwas unterbindet, aber keinen Weg zeigt, es besser zu machen. Trotzdem sind auch „positive" Reaktionen problematisch: Sie machen und halten das Kind von der Außenwelt (in Vertretung der Erzieherin) abhängig. Man muß auch nicht alle wirklich positiven Äußerungen unterbinden, denn sie drücken ja auch Zuneigung aus. Der beste Weg ist, diese dezent und möglichst unverbal zu äußern: in einem Lächeln, dem Gesichtsausdruck der (echten!) Freude. Das genügt, denn das Kind freut sich ja schon selber, der positive Weg ist ja schon am Laufen, es bedarf also gar keiner „schweren Geschütze". Und was soll es, das Kind von seinem Problem gutmeinend abzulenken, falsch zu trösten und ihm damit den Rückzug aus der Sackgasse zu verbauen, in die es sich verrannt hat?

„Ich-Botschaften" und „aktives Zuhören" als „Sprache der Annahme"[41]

Aber wie soll man es nun machen? Die Vermeidung schlechter Wege zeigt ja immer noch nicht auf, wie der positive Weg aussieht.
Der konstruktive Ausdruck von Mitteilungen[42] besteht in Ich-Botschaften, d.h. in der ehrlichen Kundgabe der eigenen Empfindungen zu einem Problem. Darüber hinaus sind Ich-Botschaften, auch wenn sie Ärger und Probleme der Erzieherin, also Unangenehmes ausdrükken, dem Geschehen viel angemessener: Der Erwachsene ärgert sich ja nur sekundär über das Kind als Urheber, sondern primär über eine (unerquickliche und für ihn unhaltbare) Situation, die ihm zu schaffen macht. Werten und Beurteilen des Kindes als Person sind also gar nicht notwendig; er muß aus seinem Herzen „keine Mördergrube machen" und kann trotzdem ausdrücken, was ihn belastet. Auf das Wie kommt es an: „Ich habe Schwierigkeiten." – „Ich habe Angst." – „Ich komme mir blöd vor." Das trifft eine solche Situation besser als: „Du bist unmöglich, wenn du..."
Allerdings gibt es Fehlermöglichkeiten bei den Ich-Botschaften, die diese schnell in eine (verkleidete) Du-Botschaft verwandeln: „*Ich* mag nicht, wenn *du*..." Auch eine Betonung des Negativen wirkt insgesamt negativ: wenn man nur auf Probleme „anspringt" und positive Bemühungen des Kindes nicht beachtet. Man kann ruhig auch mal sagen: „Das freut mich sehr, daß ich das nicht machen muß." Oder kürzer: „Danke!" (Man beachte den Unterschied zum Loben: „Das ist schön, daß du das machst.")
Auch Untertreibungen sind unangemessen: So ist es z.B. nicht gut, „Ich finde nicht gut..." zu sagen, wenn „Ich habe Angst..." im entsprechenden Tonfall angebracht ist, weil Gefahr für ein anderes Kind besteht. Und schließlich ist die ehrliche Äußerung der eigenen Empfindungen auch kein Freibrief für maßloses Schimpfen. Denn einerseits ist es nach wie vor von Bedeutung, die Angemessenheit der eigenen Reaktion zu prüfen, und zweitens stehen Wut und Zorn immer im Verdacht, nur sekundärer Ausdruck primärer Empfindungen zu sein (Angst, Verlegenheit, Verletztheit, Enttäuschung). Man muß also auch an sich selbst arbeiten, daß man seinen primären Empfindungen auf die Spur kommt.
Neben dem klaren Ausdruck von Ich-Botschaften besteht die zweite Verantwortung des Erziehenden darin, als Empfänger der kindlichen

(unvollkommenen) Botschaften diese möglichst zu verstehen und das Verstandene als Rückmeldung auszudrücken, so lange, bis das Kind die Richtigkeit seiner Botschaft bestätigt: „aktives Zuhören".[43] (Die richtige Rückmeldung entspricht damit der „Ich-Botschaft" des Kindes, die dieses ja lernen soll.)

Es ist schon seltsam: Während sich Erwachsene mit Selbstverständlichkeit in Handlungen des Kindes einmischen, ihm zeigen, wie es eine Schere halten oder ein Bauwerk bauen muß, anstatt es das Material ausprobieren zu lassen, geht man im kommunikativen Bereich ebenso selbstverständlich davon aus, daß das Kind mit dem Erwerb der Worte auf der Höhe seiner Fähigkeiten ist; daß man also nicht auf seine unvollkommene Ausdrucksfähigkeit eingehen oder ihm zugute halten muß, daß es das einfach noch nicht kann. Das liegt daran, daß die Kommunikation zwischen den Erwachsenen auch nicht gerade umwerfend ist. Zwar lassen diese sich untereinander verbal meist nicht so gehen wie gegenüber Kindern, aber aus unerfindlichen Gründen hat sich bei uns keineswegs die Ansicht herumgesprochen, daß zwischenmenschliche Verständigung eine Kunst ist, die zu lernen wertvoll wäre. Man gibt sich mit dem Erwerb der Worte und des Satzbaus zufrieden: eine wichtige Grundlage, das „Material", das aber noch keineswegs Kommunikation, also seine produktive Anwendung, darstellt. Und daß man sich z. B. mit Freunden ganz gut versteht, muß dem nicht widersprechen: Aus gemeinsamem Erleben und aus Sympathie ergänzen wir vieles, was ein Freund sagt, aus unserem Gedächtnis oder schlicht aus Wohlwollen und der Erwartung, daß auch er uns wohlgesonnen ist und keinen Grund hat, uns hereinzulegen. Das überbrückt eine technisch unvollkommene Kommunikation durchaus, zumindest teilweise und solange das Wohlwollen anhält. Warum wendet man dieses Verstehen-Wollen nicht auch beim Kind an, das ja noch viel weniger die Fähigkeit besitzt, sich auszudrücken?

Nun ist die Kunst des Zuhörens nicht gerade eine weitverbreitete Fähigkeit, und die Grundhaltung des „aktiven Zuhörens" ist wirkliches, echtes Interesse am Kind in der konkreten momentanen Situation. Erzieherinnen, die im Kind immer nur das sehen, was es eines Tages werden soll, tun sich da naturgemäß schwerer, denn die notwendige Geduld und Aufmerksamkeit basieren auf der entgegengesetzten Einstellung: verstehen wollen und sich die Zeit dazu nehmen. Eine andere Grundvoraussetzung aktiven Zuhörens ist, die kindlichen Empfindungen anzunehmen und herausfinden zu wollen. Es ist erstaunlich, wie sehr Kommunikation als ziemlich mechanische Angelegenheit des Informationsaustausches angesehen wird. Technischer Informationsaustausch (wo der rote Pullover ist, wie man am schnellsten zum Bahnhof kommt usw.) ist notwendig, aber nicht das Wesentliche im zwischenmenschlichen Umgang (wenn doch: wie schade!). Daher ist der Kernpunkt von Kommunikation Einfühlung in den anderen, der Versuch, dessen Gefühle und Probleme zu suchen und herauszufinden. Das gilt gerade bei Kindern, denn Kinder leben über diese noch viel mehr als Erwachsene. Denn der Erwachsene hat einesteils manchmal damit Schwierigkeiten, weil er eigene Gefühle verdrängen muß, die ihm im Kind entgegenkommen und ihn herausfordern (Alice MILLER!). Andernteils ist er in der Welt der nüchternen Informationen gefangen.

„Aktives Zuhören“ ist also „einfühlendes Zuhören“ und besteht als konstruktive Art, die Botschaft des Kindes zu empfangen, darin, seine Empfindungen zu erkennen, also die Verschlüsselung seines Codes zu entschlüsseln. Das kann auf Anhieb gelingen, muß aber nicht; der Irrtum ist kein Unglück, weil man ja das, was man verstanden hat, zurückmeldet: Die Rückmeldung schaltet Mißverständnisse aus, da das Gegenüber die Chance hat, zu korrigieren oder zu bestätigen. GORDON drückt das so aus: „Beim aktiven Zuhören versucht der Empfänger also zu verstehen, was der Sender empfindet oder was seine Botschaft besagt. Darauf formuliert er sein Verständnis mit eigenen Worten (Code) und meldet es zur Bestätigung an den Sender zurück. Der Empfänger sendet *keine* eigene Botschaft – zum Beispiel ein Urteil, eine Meinung, einen Rat, ein Argument, eine Analyse oder eine Frage. Er meldet *nur das zurück, was nach seinem Gefühl die Botschaft des Senders bedeutete* – nicht mehr, nicht weniger.“[44] Der Erziehende verbessert also die Genauigkeit des Empfangs der kindlichen Botschaft durch Einfühlung und hilft damit dem Kind, seine Empfindungen herauszubekommen. (Dies ist auch bei Erwachsenen eine gute Art der Kommunikation: Auch viele Erwachsene haben ein „Kuddelmuddel“ in ihrem Gefühlsleben, dem sie erst auf die Spur kommen müssen.)

Neben der Wertschätzung von Gefühlen, der Wertschätzung des Kindes und seines Problems ist diese Technik des Zuhörens aber auch die beste Methode, dem Kind bei der Lösung seines Problems zu helfen (nicht: es ihm abzunehmen!). „Aktives Zuhören ist eine Methode, um Kinder zu beeinflussen, selbst Lösungen für ihre eigenen Probleme zu finden. Die meisten Eltern sind jedoch versucht, ... die ‚Eigentümerschaft‘ der Probleme ihrer Kinder zu übernehmen.“[45] Das ist der erste Fehler, den man beim aktiven Zuhören machen kann; der Erziehende muß Interesse, Sorge und Hilfe aufbringen, darf aber nicht die Verantwortung an sich ziehen. Ein weiterer Fehler ist, die Methode des aktiven Zuhörens nur als Zweck zu verwenden, um doch wieder das Kind zu manipulieren: Die anfängliche Offenheit des Kindes, sein Auftauen, wird schnell von erneutem und sogar verstärktem Mißtrauen abgelöst, wenn sich das Kind ausgehorcht vorkommt. Ungenauigkeiten der Rückmeldung bestehen z. B. in fehlender Einfühlung, im Reinmogeln eigener Wünsche und Ansichten und im „Nachplappern“ dessen, was das Kind bereits sagte (allerdings machen wir die Erfahrung, daß es manchmal notwendig sein kann, die Aussage langsam und deutlich zu wiederholen, wenn man ausländische, aber auch kleine Kinder im Kindergarten hat). Und schließlich darf man aktives Zuhören auch nicht aufdrängen, z. B. wenn es wirklich nur um eine Information geht. Das meiste sind natürlich Anfangsschwierigkeiten, die durch Übung verschwinden. Es gibt allerdings auch sehr schwere Verschlüsselungen, die dann oft ein tieferes Problem des Kindes betreffen.

Es ist auch nicht so, daß mit ehrlichen Ich-Botschaften und einfühlendem aktivem Zuhören alle Probleme spurlos verschwinden; Situationen können trotzdem unklar bleiben, und wir wissen selbst, wie schwer es ist, Gespräche und Situationen ohne „richtiges“ Ergebnis zu lassen. Wir erleben aber ganz deutlich, und auch GORDON bringt dafür viele Beispiele, wie diese konstruktive Form der Kommunikation die Verständigung und damit auch die Beziehung zwischen Kindern und Erwachsenen in erstaunlicher Weise verbessert. Anstelle der Reaktion: „Wenn sie schon glauben, daß ich schlecht und dumm bin, kann ich ja ebensogut weitermachen und das alles einfach tun“[46], kommt es zum Interesse an der eigenen Verantwortlichkeit: „Wenn ein Mensch fühlt, daß ihn ein anderer wirklich annimmt, wie er ist, dann ist er frei geworden, sich von dort aufzumachen und mit der Überlegung zu beginnen, wie er sich verändern möchte, wie er anders werden kann, wie er mehr von dem werden könnte, das zu sein er befähigt ist.“[47]

Unsere Folgerungen

Bei uns wird nie ein Kind „dumm“ genannt oder als „dumm“ angesehen, auch nicht unbeabsichtigt oder indirekt. (Belehrungen können z. B. eine subtile Art sein, jemand als „dumm“ zu bezeichnen.) Wenn sich Kinder in dieser Weise äußern, sagen wir grundsätzlich: „Es gibt keine dummen Kinder.“ Das ist auch unsere ehrliche Überzeugung, denn das, was als Phänomen „Dummheit“ möglicherweise erscheint, ist z. B. oft Lähmung durch Angst. Deshalb gibt es bei uns auch keine Fehler: Niemand kann etwas falsch machen; der eine löst eine Sache so, der andere versucht es mit einer anderen Idee. Das Kind kann ohne Angst vor Versagen Handlungen erproben und aus den Ergebnissen und Effekten seiner Handlungen so etwas wie Kausalität (Ursache und Wirkung) lernen, was schließlich ja die Basis von Intelligenz ist. Darüber hinaus sind vielfältige Ideen ein Zeichen von Kreativität.

Es gibt bei uns auch keine „bösen“ Kinder. Wenn man versucht, die Ursache z. B. einer aggressiven Handlungsweise oder Reaktion herauszufinden, stellt sich oft heraus, daß die Handlung vielleicht unangemessen, aber meist nicht unlogisch ist; wenn sie nicht sowieso dem Unglück entspringt, denn ein „böses“ Kind ist auf keinen Fall ein glückliches Kind. Nur unsere positive Hilfe ermöglicht es dem Kind, andere Formen der Auseinandersetzung zu finden.

Ein Kind annehmen, heißt aber auch: es so annehmen, wie es ist, keine Vorstellungen haben, wie das Kind sein, werden oder nicht sein soll. Das Kind ist das Original, das man nicht einem Bild von ihm anpassen darf.

Negative Äußerungen einem Kind gegenüber helfen dem Kind nicht, beeinträchtigen aber auch die ganze Gruppe. Denn die anderen Kinder identifizieren sich mit dem Betroffenen, wodurch sich Angst und Peinlichkeit in den Herzen verbreiten. Oder sie identifizieren sich mit dem Erwachsenen, was man in der Psychologie „Identifikation mit dem Aggressor“ nennt. Wollen wir das?

Viele zwischenmenschlichen Probleme wären einfach zu regeln, wenn von Anfang an klar wäre, worum es (in Wirklichkeit) geht. Es gibt aber auch Schwierigkeiten, die nicht auf Mißverständnissen beruhen, sondern darauf, daß ein echtes Bedürfnis des einen mit dem echten Bedürfnis des anderen in Widerstreit steht. Gerade auch zur Identifizierung und Lösung dieser „Bedürfniskonflikt-Situationen"[48] sind die Techniken der Ich-Botschaft und des aktiven Zuhörens unerläßlich.

Die zweite Voraussetzung ist eine sinnvolle Einstellung zu Konflikten: Sie sind normaler Bestandteil des Lebens, vielleicht normaler als die Phasen der „heilen Welt", die man wünscht und anstrebt. Konflikte sind zahlreich und vielfältig, d.h. auch unterschiedlich schwer zu lösen (es gibt auch unlösbare Konflikte, was nicht heißen soll, daß vernünftiges Darüber-Reden unwichtig sei).

Es ist nicht sinnvoll, Konflikte nicht zur Kenntnis zu nehmen oder schnell als „Störfaktor" aus der Welt zu schaffen. Eine produktive Konfliktlösung nimmt sie wichtig, d.h., sie nimmt sich Zeit, und sie besteht darin, einen Ausweg zu finden, bei dem sich keiner der Beteiligten als Verlierer fühlen muß; GORDON nennt sie „niederlagenlose Methode der Konfliktbewältigung"[49].

An Kindern sehen wir oft, wie gewöhnlich mit Konflikten umgegangen wird: Eines holt z.B. den älteren Bruder oder einen Freund zu Hilfe, und dieser hat es nicht anders gelernt, als mit Schimpfen und Schlagen dem Hilfeschreienden zur Seite zu stehen, für den er sich verantwortlich fühlt. Auch soll der Konflikt möglichst schnell „geregelt" werden, und da wird einfach kurzer Prozeß gemacht. Wir bemühen uns darum, Konflikte als positive Erfahrung gelten zu lassen und nicht als etwas „Böses" anzusehen. Es sind im Grunde wunderbare Lernmöglichkeiten zwischenmenschlichen „Zusammenraufens", die man ausnutzen sollte.

Die wichtigsten Punkte einer konstruktiven Konfliktlösung sind aus dem Schema auf Seite 50f. zu ersehen. Dabei muß man hinzufügen, daß es ein Schema ist und nicht schablonenhaft benützt werden kann, denn jeder Konflikt ist anders. Nach unseren Erfahrungen ist es ein langer Prozeß, hinter dem man wirklich innerlich stehen muß. Am wichtigsten erscheint es uns, mit dem ersten Punkt *anzufangen* und nicht gleich zu große Ansprüche an sich und die Kinder zu stellen. Ein Prozeß braucht Zeit!

Die Aufgabe der Erzieherin bei Konflikten besteht darin, Hilfestellung zu geben (durch aktives Zuhören usw.). Keinesfalls darf sie als Richterin auftreten, denn das macht die Kinder handlungsunfähig und unselbständig im zwischenmenschlichen Umgang. Man gewöhnt sie sonst daran, mit allen Schwierigkeiten ständig zu einer Autoritätsperson zu laufen, ganz abgesehen davon, daß man sich selbst damit auch keinen Gefallen tut. Und es ist ein falsch verstandener Situationsansatz, Konflikte als „Förderung" mit nicht beteiligten Kindern durchzusprechen.

In unserem Kindergarten kommt es inzwischen oft gar nicht soweit, weil durch aktives Zuhören

BEOBACHTUNGSBEREICH KONFLIKTVERHALTEN

	erwünschtes Verhalten	Anzahl	verbesserungsbedürftiges Verhalten	Anzahl
1 Was	1 fordert auf, in Ruhe gemeinsam über Konflikt zu reden		schimpft	
	2 fragt, *was* geschehen ist		fragt, *warum* es geschah	
	3 hört aktiv zu		wehrt ab, unterbricht	
	4 stellt Verständnisfragen		fragt nach Schuld	
2 Gefühle	5 fragt *jeden* nach seinen Gefühlen		bewertet Gefühlsäußerungen	
	6 akzeptiert Gefühle		weist Gefühle zurück	
3 Was soll geschehen?	7 fragt, welches konkrete Verhalten gestört hat		stellt „Pauschalfragen“	
	8 läßt jeden ausreden		ignoriert Äußerungen	
	9 fragt, was jeder nun möchte		weist Wünsche zurück	
4 Um Lösungen bitten	10 bittet um Lösungsvorschläge		schlägt selbst Lösungen vor	
	11 sammelt alle Lösungen		bewertet Lösungen	
	12 leistet Hilfestellung, falls Schwierigkeiten bei Lösungssuche			
5 Lösungen, Konsequenzen	13 fordert auf, Vor- und Nachteile der Lösungen zu erörtern		schildert selbst Vor- und Nachteile der Lösungen	
	14 fragt nach Konsequenzen der Lösungen		warnt vor bestimmten Konsequenzen	
6 Entscheidung	15 fordert auf, sich auf *eine* Lösung zu einigen		wählt selbst Lösung aus	
	16 fragt, ob alle mit Lösung einig sind		übergeht Einwände	
7 Beschreibung	17 läßt gewählte Lösung nochmals beschreiben		beschreibt die Lösung selbst	
	18 läßt die praktische Durchführung der Lösung festlegen		geht zu neuer Aktivität über	
8 Später	19 spricht (später) darüber, wie Lösung funktioniert			
	20			

Ich habe das Gefühl, daß der Erzieher

21 alle Konfliktpartner akzeptierte	einen oder mehrere Konfliktpartner eher
22 sich wertschätzend verhielt	a) geringschätzte
23 allen aktiv zuhörte	b) ablehnte
24 sich an die 6 Stufen der Konfliktregelung hielt	c) nicht verstand
	sich nicht an die 6 Stufen hielt

Quelle: Weinmann, W./Rehbein, W. von der „mtt – Beratung, Training, Organisationsentwicklung GmbH" anläßlich eines Erzieherverhaltenstrainings der Stadt München (Pädagogisches Institut) 1972.

und die Pflege der Ich-Botschaften sowie durch die Anerkennung von Gefühlen auch die Kinder mehr Verständnis füreinander haben: „Laß ihn, der ist beleidigt." – „Der hat's nicht mit Absicht gemacht." – „Laß sie in Ruhe, die ist heute empfindlich." Trotzdem gibt es aber natürlich auch bei uns ernsthafte und bittere Auseinandersetzungen. Bis die Kinder damit umgehen können, muß man viel Geduld und Vertrauen haben und lange warten können (Jahre!).

Alexander spielt mit ein paar Freunden in der Bauecke. Es entsteht ein Konflikt, von dem ich nichts mitbekommen habe. Ich höre nur Alexander laut nach seinem Bruder rufen. Ängstlich warte ich ab, was geschieht, die Stimmung sieht sehr nach Rache, Schimpfen und Bestrafung aus. Wenn es mir auch schwerfällt, gebe ich trotzdem der Situation eine Chance und halte mich (startbereit) im Hintergrund.

Andreas kommt mit seinen Freunden aus dem anderen Ende des Raums, wo er intensiv beschäftigt war. Zu meinem Erstaunen und zu meiner Freude (monatelang hat Andreas bei jedem Konflikt kurzen Prozeß gemacht) fragt er ganz ruhig: „Was ist denn passiert?" Wir und die Konfliktbeteiligten sind ganz verdutzt. Es entsteht ein Gespräch mit Verteidigungen und Rechtfertigungen, und Andreas ist fast „nur" Zuhörer. Er kann es aushalten, die anderen reden zu lassen und sich nicht einzumischen! Eigentlich ist der Konflikt durch das Miteinander-Reden schon geregelt. Andreas erkennt das und verzieht sich mit seinen Freunden wieder in seine Ecke.

„Ich will aber da sitzen!"

Wir sitzen im Stuhlkreis, neben mir sitzen Elena und Nina. Kathi kämpft mit Nina um den Platz neben mir. Kathi versucht, Nina von ihrem Stuhl zu zerren, und Nina braucht alle ihre Kräfte, um sich zu wehren. Das Handgemenge ist mir sehr unangenehm, aber ich mische mich noch nicht ein; vielleicht finden sie selbst eine Lösung. Je-

der, der schon im Kreis sitzt, beobachtet den „Kampf" mit gemischten Gefühlen. Es ist ziemlich ruhig, und die beiden können sich immer noch nicht einigen.
„Kathi, ich glaube, du willst neben mir sitzen." Sie nimmt die Hände von Nina und nickt. Ich schaue nach rechts, wo Elena sitzt, mich anlächelt und stolz ist, weil sie heute im Gegensatz zu sonst sehr schnell war; und nach links, wo mich Nina mehr als Siegerin ansieht. „Du willst neben mir sitzen, aber beide Plätze sind schon besetzt." Unzufrieden und auf ihrem Wunsch bestehend motzt sie: „Ich will aber da sitzen!" „Und wie sollen wir das machen?"
Endlich kommen Antworten aus dem Publikum: „Du kannst dich hinter die Frau Caiati stellen!" Ein anderer meint: „Da sieht sie doch nichts, die ist noch so klein." „Du kannst dich vorne auf den Boden hinsetzen."
Kathi geht nicht auf den Ratschlag ein. Ich freue mich, daß sich die Gruppe an der Konfliktregelung beteiligt und versucht, Lösungen zu finden. Noch ist es nicht gelungen, aber alle sind interessiert und machen weitere Vorschläge. Meike rät Kathi, sich auf meinen Schoß zu setzen. Alle warten auf die Reaktion. Kathi ist dankbar über den Vorschlag und setzt sich ohne Zögern auf meinen Schoß. Keiner hat etwas dagegen, niemand ist anscheinend eifersüchtig. Vielleicht sind sie auch froh, den Konflikt geregelt zu haben, um endlich das gewünschte Spiel beginnen zu können.

„Die soll weggehen!"

Jasmin baut mit ihren Freundinnen eine Höhle. Milijana entdeckt in der Bauecke die Eierschachteln, sammelt sie und stellt sie in die Behausung von Jasmin, die sehr in ihrer Nähe liegt. Jasmin ist empört und verteidigt sich erst mit bösen Blicken und dann mit großem Geschrei: „Geh weg, geh weg, du sollst nicht hier sein!"
Milijana kümmert sich nicht um das Geschrei, sie sammelt weiter und legt ihren Besitz in das fremde Haus. Mein Gedanke ist: „Vielleicht will sie mitspielen und weiß nicht, wie sie fragen soll?" (Sie ist Jugoslawin und spricht noch sehr wenig Deutsch.) Jasmin ist ratlos und schreit um Hilfe. Ich komme und frage: „Was ist los?" Jasmin erklärt aufgeregt: „Die da legt die Schachteln in unser Haus, ich will das nicht, die soll weggehen!" In Ruhe wiederhole ich noch einmal die Worte von Jasmin. Milijana hört aufmerksam zu, sie bewegt sich nicht und schaut mich nur an. Ich habe gesehen, daß sie mit Olivera eine Höhle gebaut hat, die sich allerdings am anderen Ende des Raums befindet. Da Milijana keinerlei Regung zeigt und ich es nicht mehr länger aushalten kann, frage ich sie: „Ist das eure Wohnung?" Milijana nickt erleichtert. „Willst du die Eierschachteln in dein Haus bringen?" Leider schüttelt sie den Kopf. Jasmin wird sehr ungeduldig und äußert sich streng und beharrlich: „Die soll jetzt gehen, die soll endlich weggehen!" Da erübrigt sich meine Frage, ob sie miteinander spielen wollen, denn Jasmin hat sich schon deutlich genug ausgedrückt.
Also frage ich, besonders langsam und deutlich sprechend: „Ist dort drüben dein Haus?" (Nochmal ein verständiges Nicken von Milijana.) „Der Weg zu deinem Haus ist sehr weit." (Kurze Pause, ich bin nicht ganz sicher, ob ich verstanden wurde.)
„Du hast viele Eierschachteln. Möchtest du sie

alle in deinem Haus haben?“ Milijanas Augen und Mund öffnen sich weiter; als wäre sie taubstumm, nickt sie mit dem Kopf. „Brauchst du Hilfe? Sollen wir dir helfen?“ Sie strahlt, und ihr erst stummes Kopfnicken unterstützt sie jetzt mit einem kräftigen „Ja, ja!“
Jasmin ist erleichtert, und ohne meine Aufforderung hilft sie mit ihren Freundinnen, die Eierschachteln in Milijanas Haus zu tragen.

„Das ist meine Decke!“

Kathi (3½) verteidigt mit lautem Wehgeschrei eine hellblaue, kuschelige Decke, die Elena auch haben will und an der sie zerrt. Freundinnen stehen ratlos um die Schreienden herum und möchten sich handgreiflich einmischen. Bevor sich die Situation gefährlich zuspitzt, mische ich mich ein, obwohl mich noch niemand um Hilfe gebeten hat: „Was ist passiert?“
Kathi und Elena schreien gleichzeitig: „Das ist meine Decke! Nein, ich habe die Decke zuerst gehabt! Nein, ich! Ich will sie aber haben! Ich brauche die Decke!“
Ich bin in Augenhöhe der Kinder und habe meine Arme um sie gelegt. Beide streiten weiter, wenden sich aber, sich langsam beruhigend, mit ihren Klagen immer mehr an mich, beide mit einem Teil der Decke in der Hand. „Also, jede von euch möchte die Decke haben.“ Beide nicken, so als ob ich sie endlich begriffen hätte. „Und wie sollen wir das machen?“ Sie zucken mit den Schultern, haben sich inzwischen mehr und mehr beruhigt. „Wer hat denn eine Idee?“
Kathi und Elena halten die Decke fest, und ich habe die Befürchtung, daß die Situation wieder kritisch wird, wenn ich nicht bald entscheide. Ich warte wieder kostbare Sekunden ab und wiederhole die Ursache des Streits: „Jeder von euch möchte eine Decke, diese Decke, haben.“ Jasmin rettet die Situation. Sie holt eine andere Decke und bringt sie zu Kathi, die sie mit großer Freude und Dankbarkeit annimmt.

„Niemand läßt mich hinsetzen!“

Die Kinder sind dabei, sich an die Tische zu setzen. Elena schreit protestierend. Ich wende mich zu ihr und frage: „Was ist passiert?“ Elena schluchzt: „Niemand läßt mich hinsetzen, ich habe gar keinen Platz.“ Neben ihr kniend, wiederhole ich nochmals ihre Sorge: „Niemand läßt dich hinsetzen, du hast keinen Platz.“ Elena nickt mit traurigem Blick, dem man aber auch die Freude anmerkt, verstanden zu werden. Alles ist ruhig und wartet. Am liebsten möchte ich die unangenehme Situation gleich regeln. Ich bräuchte nur mit flehendem Blick die Kinder zu fragen: „Wer läßt Elena neben sich hinsetzen?“ Es würde sich sicher eines der Kinder großzügig bereit erklären, aber ich möchte, daß die Kinder diese Situation selbst begreifen und meistern. Es sind lange Sekunden, die ich neben Elena verbringe, ihr in die Augen blickend. Da steht Georgie (3¼) auf, kommt schüchtern zu uns, nimmt Elena bei der Hand und führt sie zu ihrem Platz. Offene und heimliche Bewunderung von allen Seiten – Elena strahlt.

„Nur Spaß!“

Alex G. und Alex H. machen Nima Angst, indem sie ihn mit lautem „Huhuh-Geschrei“ necken, fast bedrohen. Da es für Nima momentan noch aussichtslos ist, sich zu wehren, frage ich vor-

sichtig: „Ist das Spaß, was ihr macht?“ „Ja, ja, wir machen nur Spaß!“ „Und für dich, Nima, ist es auch Spaß, oder hast du Angst?“ Nima: „Nein, nein, ich habe keine Angst.“
Alex G. und Alex H. verziehen sich in die Höhle, und ich versäume den Übergang, denn andere Kinder brauchen mich inzwischen. Nima sitzt traurig da, mit unterdrückten Tränen, krampfhaft Legosteine in der Hand haltend. Ich frage, was passiert sei, aber Nima ist zu nahe am Weinen dran und kann nicht antworten. Tomi, der sich intensiv beschäftigt, überrascht mich mit seiner fast selbstverständlichen Aussage: „Also war es vorher doch kein Spaß!“
Die „Spaßmacher“ sitzen grinsend in ihrer Höhle und haben einzelne Legosteine in der Hand. Tomis Bemerkung hat sie aus ihrer Behausung gelockt. Peinlich, denn der Spaß ging doch zu weit, bieten sie sich an, Nimas Konstruktion wiederherzustellen. Nima ist sehr gekränkt und will nichts mehr mit den „Spaßvögeln“ zu tun haben, beleidigt wehrt er ihre Wiedergutmachung ab. Beide sammeln die herumliegenden Legosteine auf und legen sie wortlos an Nimas Platz.

„Mia Mama...“

Milijana weint, Olivera sitzt neben ihr. Ich komme dazu und frage, was passiert sei. Keiner scheint ein schlechtes Gewissen zu haben, und Milijana versucht, mir mit höchster Anstrengung zu erklären, was passiert ist. Sie spricht jugoslawisch, doch ich kann nur ein paar Worte verstehen: „Mia Mama, Olivera sagst, nicht mia Mama hat... Mama!“ Durch meine jugoslawische Kollegin weiß ich den Inhalt ihrer Konflikte, die sie in den letzten Tagen hatten. Die Kinder reizten sich gegenseitig bis zum Tränenausbruch, indem sie sich beweisen wollten, was sie besitzen und der andere nicht, z. B.: „Deine Mama hat keinen...“ „Doch, meine Mama hat schon...“ „Nein, hat sie eben nicht.“ „Doch, hat sie aber schon.“ Usw.! Bis der andere handgreiflich wird oder in Tränen ausbricht.
Also versuche ich so ruhig wie möglich und sehr langsam (deutsch) zu erklären: „Du willst nicht, daß Olivera sagt, deine Mama hat keinen... Du wirst traurig oder du ärgerst dich! Und du willst nicht, daß Milijana sagt, deine Mutter hat keinen...“ Beide nicken mit dem Kopf und sprechen jugoslawisch weiter. Sie unterhalten sich, was erst noch wie eine Verteidigung klingt, dann aber immer mehr zu einem Verständnis führt. Ich verstehe wieder nichts, aber der Ausdruck ihrer Gesichter zeigt mir, daß sie sich einigen. Sie lachen und gehen zusammen weg.

„Du hast mich als erster gehauen!“

Tomi, Claudia und Alex H. haben eine Höhle gebaut und spielen darin. Sie haben sogar einen „echten“ großen Kellerschlüssel dabei. Nach einigen Minuten sehe ich Tomi herumspazieren. Nach ihm verläßt auch Claudia die Höhle und macht ihre Brotzeit. Tomi kommt zu ihr: „Gell, Claudia, du spielst nie mehr mit dem Alex!?“ Alex nähert sich eilig und bekommt die letzten Worte mit.
„Gell, Claudia, Alex ist nicht mehr dein Freund“, insistiert Tomi. Claudia gibt keine Erklärung ab. Alex umarmt Claudia und bekommt gleichzeitig einen Schlag ins Gesicht von Tomi. Die „Jagd“ durch das Zimmer beginnt. Alex ist blind vor Wut und will sich rächen. Tomi ist aus Angst in

Panik geraten und schreit weinerlich. Ich mische mich ein. „Was ist passiert?" (Die beiden stehen neben mir, Alex noch immer in Schläger-Pose.)
T.: „Er will mich hauen!"
A.: „Du hast mich als erster gehauen!"
T.: „Und du hast mir die Türe zugesperrt, und ich konnte nicht mehr rein!"
Ich: „Du konntest nicht mehr hinein?"
T.: „Ja, er hat den echten Schlüssel gehabt und mich nicht mehr hineingelassen!"
Ich: „Ihr habt alle in der Höhle gespielt?"
T.: „Ja, und dann bin ich rausgegangen; als ich wieder rein wollte, hat Alex mir echt die Türe zugesperrt!"
(Alex steht nicht mehr in Schläger-Pose und hört zu.)
A.: „Ja, wenn du immer weggehst..."
Ich zu T.: „Du wolltest weiter mit Claudia und Alex spielen?"
T.: „Ja."
Alex und Tomi sind von dem aufregenden Erlebnis erschöpft.
Ich: „Was wollt ihr jetzt machen?"
A.: „Ich spiele bei Dragan in der Bauecke."
T.: „Ich mache Brotzeit."

„So ein Angsthase!"

Verzweifelt höre ich Dominik schreien: „Ich mag alleine sein und nicht, daß Alex neben mir steht!" Claudia kümmert sich als erste um ihn und sagt beschützend: „Komm, setz dich neben mich!" Sie macht gerade Brotzeit. Alex bedrängt ihn weiter, indem er vor allem angstmachende Grimassen schneidet und die Zunge herausstreckt. Dominik kann es nicht aushalten, gerät in Panik, auch Claudia kann ihm nicht mehr helfen. Da Alex diese für ihn sicher sehr erfolgreiche Situation geradezu genießt und Dominik sich heute nicht helfen kann, mische ich mich ein: „Du machst Dominik Angst und ärgerst ihn, wenn du ihn so anschaust, und er ist traurig und wütend und schreit laut!" Alex grinst, dreht und wendet sich und bemerkt laut: „So ein Angsthase, ich mach' ihm doch nichts!" Dominik schluchzt und tut nochmals einen lauten Schrei, da hält sich Alex zurück. Er setzt sich an den Brotzeittisch, gegenüber von Dominik und Claudia; es fallen noch ein paar halblaute spitze Bemerkungen, aber Dominik hat sich soweit beruhigt, überhört sie und ist ganz mit seiner Pause und Claudia beschäftigt.

„Ich will nicht!"

Borislav hat drei Monate in Jugoslawien „Urlaub" gemacht; heute ist er den ersten Tag wieder im Kindergarten. Milijana ist überglücklich (sie liebt Borislav) und zeigt es sehr auffällig. Sie juchzt und hüpft um ihn herum, ruft seinen Namen und lacht laut. Borislav scheint das als Angriff zu empfinden; er zieht sich zurück. Er setzt sich auf den Tisch neben der Tür und schaut sich müde und gleichgültig um. Milijana kommt rasch, lächelt ihn an, langt ihn an, verlangt, daß er mitspielt. Borislav mag es nicht. Er braucht Anlaufzeit. Sie kann es nicht begreifen. Weil sie so ungeduldig versucht, Borislav zum Mitspielen zu überreden, zieht er sich mehr und mehr zurück.
„Laß mich, ich will da an dem Tisch bleiben!" Es klingt eher wie eine Bitte als wie ein Befehl. Milijana überhört es und zieht ihn an den Beinen vom Tisch herunter. Er schubst sie weg und flüchtet zu der Wand.

Ich: „Was ist denn bei euch los?"
B.: „Sie läßt mich nicht in Ruhe."
M.: „Boris soll mit mir spielen!"
B.: „Aber ich will nicht!"
Ich: „Boris will nicht..."
Milijana will sich nicht darüber unterhalten und hüpft weg.
Ich zu Boris: „Was willst du jetzt machen?"
B.: „Ich will da sitzen!"
Ich ziehe mich zurück.
Milijana bewegt sich im Kreis durch das Zimmer und kommt immer wieder zu Borislav.
Während einer Pause von Milijanas „Angriff" kommt Alex G. lachend und fragt besonders freundlich: „Willst du mit mir in der Bauecke spielen?" „Nein", lautet die Antwort. Borislav bleibt in seinem „Schneckenhaus".
Nach ein paar Minuten ist Milijana wieder da; sie schleicht sich an den Tisch zu Borislav hin. Er sitzt schon mit dem Rücken an der Wand. In dem Moment kommt die Erlösung – Tomi, „der Löwe", springt mit einem Gebrüll hoch und landet hautnah bei Milijana. Sie freut sich und fürchtet sich ein bißchen (sie nimmt den Löwen immer ernst). Sie prüft seine Absichten mit vorsichtigem Streicheln. „Oh, der Löwe läßt sich nicht streicheln" – stellt sie kichernd fest. Tomi nützt die Situation aus, um seinen Plan zu verwirklichen: Er will offensichtlich Borislav für sich gewinnen. Er schnurrt und legt seinen Kopf in Borislavs Schoß. Die Botschaft ist eindeutig: Der Löwe wird nicht für jeden zahm; wer die Ehre hat, ihn streicheln zu dürfen, soll sich freuen.
Die Botschaft klopft an die falsche Tür. Borislav macht nicht mit.
Tomi springt vom Tisch herunter und schreit: „Fang mich doch!" Milijana fühlt sich angesprochen und läuft ihm nach. Borislav merkt, daß die Bauecke leer ist, und geht hin. Hier spielt gerade niemand, er kann ungestört das Spiel anderer Kinder aus der Entfernung beobachten.
Milijana versucht noch ein paarmal in seine Nähe zu kommen, aber sie wird grob abgeschoben. Sie ist beleidigt und gibt traurig nach. Den Rest des Vormittags verbringt sie in Konflikten mit anderen Kindern. Ich kann sie nur noch auf meinen Schoß nehmen und versuchen, die Zuneigung, die sie von Borislav wollte, zu ersetzen.
Den nächsten „Überfall" bereiten drei große Freunde: Dragan, Alex H. und Alex G. Sie haben das reine Gold dabei – alle geliebten Gummitiere. Ein Tier wird Borislav in die Hand gedrückt. Er wirft es provokativ durch das Zimmer. Die großen Buben holen das Gummitier und drücken es wieder in Borislavs Hand.
Nachdem Borislav mehrmals das Gummitier weggeworfen hat und die Absage wohl nicht deutlich genug war, streckt er die Arme zum knienden „Tierbringer" und legt seine Hände um seinen Hals. Beide lachen etwas verunsichert. Die Szene dauert allzu lang. Ich will sie unterbrechen, aber es passiert nichts. Borislav hat seine Hände nur ganz locker um Alexanders Hals und schaukelt ihn hin und her. Er hört erst nach zwei, drei unendlichen, sprachlosen Minuten auf. Dragan, Alex G. und Alex H. verlassen Borislav. Borislav bleibt endlich für eine halbe Stunde allein. Den ganzen Vormittag hat ihn jemand gestört. – Freundlich sind die Kinder eines nach dem anderen zu ihm hingegangen und wollten ihn zum Mitspielen überreden, nur hat keiner seine Stimmung beachtet. Auch meine Versuche, den Kindern klarzumachen,

was da los sei (Borislav ist müde, laßt ihn in Ruhe, er kommt schon zu euch, wenn er Lust bekommt), bleiben in der Luft: Sie haben mich verstanden, aber sie wollen es nicht so haben. Sie haben das Recht, sich für Borislav zu interessieren und Zuneigung zu zeigen. Borislav hat das Recht, alleine und ungestört zu bleiben.
Die Intensität der verschiedenen Gefühle und Wünsche hat den Konflikt zwischen Boris und den Kindern, die mit ihm Kontakt aufnehmen wollten, unlösbar gemacht. Borislav hat durch sein Verhalten doch etwas erreicht: Milijana verlangt nicht mehr so ungeduldig, daß er mit ihr spielt.

„Die riecht nicht gut!"

Diese Situation haben wir als besonders schwierig erlebt.
Neun Kinder wollen den Henkel ihres Osterkörbchens verzieren, sitzen um einen runden Tisch und warten auf das Material. Susanna steht hinter einem leeren Stuhl, den Joyce für mich besetzt hält. Ich wende mich mit einer Frage an die Kinder.
„Ich sehe, daß Susanna noch keinen Platz hat. Kann jemand von euch etwas nachrücken, damit sie einen Stuhl dazwischenschieben kann?"
Die Kinder schauen sich gegenseitig an, und ein paar äußern sich unmißverständlich: „Nein, neben mir ist kein Platz!"
„Ich kann nicht rücken!"
„Ich will nicht, daß die Susanna neben mir sitzt!"
„Ich auch nicht!"
„Die Susanna riecht nicht gut!" Dieser Satz ist für mich ein Alarmzeichen, denn ich weiß, was darauf folgen wird, aber ich lasse es zu, obwohl mir das Blut in den Kopf steigt!
„Susanna stinkt!"
„Und die Susanna ist so dick!"
Susanna steht mit gesenktem Kopf hinter dem leeren Stuhl und ist stumm!
Ich sehe, wie sie leidet, identifiziere mich mit ihr und hätte gerne „Vergeltung"! Jeder von uns würde sich auf Susannas Seite stellen, denn sie zeigt keine Aggressivität, nur Hilflosigkeit. Eine kleine Moralpredigt mit sozialem Druck wäre wohl das richtige!? („Ich finde das gemein, wie ihr mit Susanna umgeht! Wenn ihr an ihrer Stelle wärt? Ihr seid ungezogen!")
Aus Erfahrung weiß ich, daß ich damit Susanna nicht helfen könnte. Ich versuche, mich innerlich zu beruhigen, nach außen erscheine ich sowieso ruhig, zeige aber doch meine Betroffenheit, weil ich meine Gefühle nicht verleugnen will.
Fast etwas hilflos, wie Susanna selbst, stehe ich vor der Gruppe und spreche meine Gedanken, an mich und an die Kinder gerichtet, laut aus: „Ja, das gibt es schon, daß man jemanden nicht riechen kann, oder daß man jemand nicht so gern mag, man muß auch nicht alle Leute mögen, und jeder kann auch nicht unser Freund sein! Man möchte neben einem ganz bestimmten Kind sitzen, eben neben dem, den man gerne hat und den man gut leiden kann!"
Ich spreche sehr langsam, damit mich alle verstehen. (Es sind kleinere und jugoslawische Kinder dabei.) Die Kinder sind sehr beeindruckt und aufmerksam. Es ist unangenehm still, und ich habe das Gefühl, daß die Kinder einerseits mein Verständnis für sie, andererseits auch meine Machtlosigkeit empfinden: „Joyce, du hast für mich einen Platz freigehalten, vielen Dank! Aber ich kann mich nicht hinsetzen,

denn ihr sitzt eigentlich eng genug um den Tisch herum, außerdem braucht Susanna den Platz viel notwendiger als ich!"

Joyce ist etwas ratlos und hält ihren Kopf schief. Meike sitzt ihr gegenüber und äußert sich entschlossen: „Also, wenn sie will, kann sie ruhig neben mir sitzen." Mir fällt ein Stein vom Herzen, und man sieht es mir sicher an, aber außer einem dankbaren Lächeln und einem Aufatmen sage ich nichts, sondern wende mich, ohne mich zu bewegen, Susanna zu. Sie hält immer noch den Kopf gesenkt und zeigt keinerlei Regung. Vielleicht ist sie endgültig beleidigt, denn sie hat ja mitbekommen, daß ich sie nicht verteidigt habe!
„Susanna, Meike hat einen Platz für dich, willst du neben ihr sitzen?" (Was soll die Frage eigentlich, Susanna soll doch froh sein, daß sich ein Kind für sie „opfert"! So könnte man vielleicht auch denken.) Susanna schüttelt ihren Kopf. Ich: „Was sollen wir tun, wo willst du denn sitzen?" Zögernd kommt eine Antwort: „Neben der Joyce!" Meike lächelt etwas enttäuscht, weil ihr Angebot nicht angenommen wurde, und Joyce blickt betroffen zu Susanna auf, die dicht neben ihr steht, und fast seufzend willigt sie ein: „Na gut, wenn sie unbedingt will, dann kann sie neben mir sitzen." Susanna nimmt, ohne zu zögern, den Platz ein. Alle sind erleichtert, ich auch.
Da höre ich Joyce sagen: „Susanna riecht gar nicht schlecht, sie riecht gut!" Ich bin Joyce innerlich dankbar; sicher will sie Susanna ein Kompliment machen, ihr wieder etwas Gutes tun; ich denke an das schlechte Gewissen, das Joyce vielleicht hat, obwohl ich meine, ohne sozialen Druck reagiert zu haben.
Joyce fordert mich auf, an ihren Platz zu kommen, um mich zu überzeugen. Es ist mir peinlich, aber sie besteht darauf; also komme ich. Joyce und die ganze Gruppe warten auf meine Äußerung. Ich bücke mich und lege meinen Arm um Susanna, um zu zeigen, daß ich ihr in jedem Fall gut gesinnt bin. Sie läßt es gerne geschehen. Und ich stelle fest: „Susanna riecht gut, sicher hast du deine Haare frisch gewaschen?" Sie nickt mit ihrem Kopf. Tomi steht auf und fühlt Susannas Haare: „Die sind ganz weich!" Andere Kinder erheben sich ebenfalls, um Susannas Haare durch Tasten, Streicheln und Schnuppern zu bewundern.
Die hat so schöne lange Haare!
Sie hat blonde Haare!
Sie hat schöne Haare!
Mmm, und die riechen so gut!
Alles dreht sich um Susanna, und sie genießt es! Aus den ordentlich sitzenden Kindern ist ein Durcheinander geworden, aber bald befinden sie sich ohne meine Aufforderung auf ihren Plätzen und warten auf das Material.

Die Äußerung, daß Susanna nicht gut riecht, hatte natürlich mit ihrem Geruch überhaupt nichts zu tun. Es mußte korrekt verstanden werden: „Ich mag Susanna nicht." Nicht umsonst sagt eine Redensart, daß man jemand nicht riechen kann. Hätten wir auf die Äußerung direkt geantwortet und Susanna gerechtfertigt, hätten wir einmal die Kinder falsch interpretiert, zum anderen Susanna damit vielleicht in eine noch schlimmere Situation gebracht (nach dem ziemlich blöden Spruch: Wer sich verteidigt, klagt sich an). Da ich den Kindern Susanna nicht aufzwang, habe ich ihren Widerstand nicht herausgefordert und ihnen die Möglich-

keit gegeben, von sich aus wieder auf sie zuzugehen, was dann echt erfolgte, und nicht unter Druck. Ebenso durfte auch Susanna nein sagen zu Meikes Angebot.
Diese Szene und das vorher geschilderte Gespräch über Gefühle haben im Verhältnis zur folgenden Bastelei wesentlich länger gedauert. Und genau das finden wir richtig, denn die Bastelei ist im Verhältnis zu diesen beiden Geschehnissen ziemlich unwichtig.

Eingreifen und Einmischen

Zwischen hilfreichem und notwendigem Eingreifen und störendem Einmischen in Situationen und Handlungen besteht ein fließender Übergang; die Grenze ist keinesfalls leicht zu bestimmen. Als Grundregel kann man dabei folgende nennen, die wir bereits mehrfach erwähnten: Man darf Probleme der Kinder nicht zu seinen eigenen machen, sondern muß ihnen die Verantwortung und Entscheidung lassen. (Eigene Probleme sind eine andere Sache.) Das Kind ist eine eigenständige Persönlichkeit mit einem eigenen Leben, das es selbständig in die Hand zu nehmen lernen muß. Oder wollen wir, daß es zeit seines Lebens zu irgend jemandem rennen muß, weil es nie gelernt hat, seine Zuständigkeit in die Hand zu nehmen? Das hat auch für uns Vorteile: „Der Gedanke, nicht sämtliche Antworten auf die Probleme meiner Kinder haben zu müssen, ist eine solche Erleichterung", zitiert GORDON eine Mutter.[50]
Das Leben und die Probleme unserer Kinder gehen uns nur insofern etwas an, als wir ihnen dabei helfen müssen; wir können nichts für sie „richten". Aktives Zuhören, die Pflege klarer Ich-Botschaften und die Technik niederlagenloser Konfliktlösung geben ihnen dabei bereits erste Hilfe bzw. sind die Grundlage überhaupt. Vorsichtige Hilfe (auch Nichteinmischen ist eine Botschaft der Annahme, sogar schweigendes Zuhören) beinhaltet jedoch auch, daß man zu erkennen sucht, ob Eingreifen überhaupt notwendig und sinnvoll ist (bei Gefahr ist das gar keine Frage). Wenn z. B. Kinder streiten, warten wir meist ab: Die Auseinandersetzung wird respektiert, und wir fragen im Zweifelsfall: „Soll ich mich einmischen?" Wenn Kinder an uns herantreten und um Rat oder Hilfe bitten, bieten wir nicht sofort die Lösung an; wir fragen zurück, um was es geht, beraten mit dem Kind oder den Kindern gemeinsam über zusammengetragene Möglichkeiten. Das Kind wählt und entscheidet, und im Notfall helfen wir natürlich auch.
Vielleicht ist es überflüssig, das zu erwähnen, aber wir spielen während des Freispiels überhaupt nicht mit. Die Kinder haben selbst genügend Ideen und geben sich gegenseitig Impulse. Der Erwachsene ist nie gleichberechtigter Spielpartner, sondern immer gleich in der Rolle des Spielleiters, die er ja auch bei ge-

meinsamen Spielen einnimmt. Er paßt schon allein wegen seiner Körpergröße nicht ins Spiel; das Ganze ist ein gekünstelter Versuch, Gleichheit herzustellen, die nicht möglich ist. Auch seine guten Ideen bei der Beobachtung kindlicher Spiele soll er für sich behalten, das Spiel ist nicht seine Sache.

„Das ist mein Bauwerk!"

Dominik läßt seine gebaute Treppe samt Tieren in der Bauecke zurück, um am Brotzeittisch Pause zu machen.
Nima, der bis jetzt beobachtet hat, schaut sich interessiert Dominiks Bauwerk an. Er versucht, die gebaute Treppe zu vergrößern. Schon öfter hat er verlassene Spiele weitergeführt und dabei nie eine unangenehme Erfahrung gemacht, aber jetzt wird er sie gleich machen, denn Dominik war mit seinem Spiel noch nicht fertig und kommt entsetzt in die Bauecke zurück. Heftig schreit er auf Nima ein: „Du, das kannst du nicht machen, da habe ich gebaut!" Nima ist sehr erschrocken, reagiert nur mit ängstlichen Blicken und äußert kein Wort der Verteidigung. Dominik: „Tu sofort die Tiere runter..., los jetzt!" Nima ist hilflos, erst seit wenigen Wochen im Kindergarten. Wie erstarrt schaut er Dominik an, ist gar nicht in der Lage, der Aufforderung nachzukommen.
Bevor Dominik noch wütender wird (denn er versteht Nimas Verhalten nicht), greife ich vorsichtig ein: „Ich weiß, daß du das gebaut hast, aber Nima hat das nicht gewußt, weil du gerade Brotzeit gemacht hast. Er wollte hier nur spielen." Dominik wehrt ab: „Ich will das aber nicht!" Nima ist immer noch entsetzt und kann sich nicht wehren. Dominik wirkt durchaus selbstsicher, aber um ihm Nimas Verhalten verständlich zu machen, frage ich trotzdem: „Dominik, hast du vor Nima Angst?" „Nein, ich haue ihn mit meinem dicken Bauch, daß er in die Luft fliegt und ins Wasser plumpst, und dann gibt es ein Loch!" „Also willst du ihn nicht mitspielen lassen?" „Ich will lieber alleine spielen."
Nima hat jetzt verstanden, hat sich beruhigt und sucht sich in der Nähe einen anderen Platz zum Spielen. Dominik ist noch ziemlich aufgeregt. Er zerstört absichtlich seine Treppe und beginnt, sie wieder neu aufzubauen. Elena darf ihm dabei helfen. Nima beobachtet die beiden und baut nebenan eine Behausung für seine Tiere. Dominik erklärt Elena: „Ich habe jetzt die Treppe kaputtgemacht und wieder neu aufgebaut, dann ist es meine Treppe."
Auch den Stall und alles, was dazugehört, baut er wieder genauso, wie es vorher war. Elena wirft versehentlich ein paar Bausteine um. Dominik schreit sie wütend an: „Schau, was hast du da angerichtet!" Bei anderen Kindern würde Elena bockig, hilflos und gelähmt reagieren und sich mit zwei Fingern im Mund weinerlich zurückziehen. Zu Dominik aber hat sie eine sehr intensive Beziehung, und auf seinen Angriff hin entschuldigt sie sich sehr leise und besonders höflich. Er wird weich wie Butter und „befiehlt" ihr mit liebenswürdigem Ton, alles wieder aufzubauen. Natürlich hilft er ihr dabei.
Nima sind inzwischen die Bausteine ausgegangen, aber er hat keinen Mut, an die Baukiste zu gehen, denn Dominiks Baustelle befindet sich unmittelbar davor. Ein paar Minuten vergehen, aber Nima kann sich nicht entschließen, nach den gewünschten Bausteinen zu fragen. Mit hilfesuchenden Blicken schaut er mich an, und

auf diese stumme Aufforderung greife ich helfend ein: „Dominik, der Nima braucht ein paar Bausteine, traut sich aber nicht an die Kiste, weil er Angst hat, deine Sachen zu zerstören, und er traut sich nicht, dich anzusprechen, weil du vorher so laut mit ihm gesprochen hast." Dominik ist überrascht und erstaunt, kann gar nicht verstehen, daß jemand Angst vor ihm hat. Freundlich kommt er Nima entgegen: „Wart mal, ich gebe dir Bausteine!"
Vorsichtig steigt er zwischen die steil gebaute Treppe und die Baukiste und gibt ein paar Bausteine in Nimas Schachtel, die dieser bereithält: „Wenn es genug ist, sagst du halt!" Nima hat verstanden und nickt mit dem Kopf. Nach ein paar Bausteinen fragt Dominik nochmals freundlich, aber mit etwas Nachdruck: „Langt es jetzt?" Nima antwortet mit einem sehr leisen „Nein". Etwas ungeduldiger gibt Dominik weitere Bausteine aus der Kiste. Es strengt ihn an, denn er steht unbequem zwischen der Kiste und seinem nicht allzu stabilen Bauwerk. Endlich kommt das erlösende „Es langt" von Nima. Beide lächeln sich an, und anscheinend hat keiner mehr Angst vor dem anderen. Dominik ist stolz und fühlt sich großzügig. Er dreht eine Runde im Zimmer, den Kopf hoch erhoben und den Bauch weit nach vorne gestreckt.
Schließlich verläßt er ein zweites Mal die Bauecke, um sich einem Tierspiel anzuschließen. Diesmal ist es ihm gleichgültig, was mit seinem Bauwerk geschieht; er überläßt es den anderen Kindern.

Lärm?

Ich höre ein lautes, unangenehmes Geräusch aus einer Ecke. Milijana (3½) schlägt mit einem Löffel auf den Tisch. Gerade möchte ich das für sie sicher sehr lustvolle, für mich aber zu laute Spiel unterbrechen, da bemerke ich, daß ihre Schläge leiser und sehr gezielt sind. Sie sucht sich verschiedene Gegenstände aus Holz, Plastik, Metall, Karton und auch weichem Material, die zufällig in ihrer Nähe liegen. Mit einem Löffel und mit einem Holzbaustein schlägt sie mal kräftiger, mal leichter und mit viel Gefühl auf die ausgesuchten Dinge. Auch eine Holzkiste, die Puppe, der Schrank und die Stühle werden beklopft. Nach ein paar Minuten ist ihr Experiment zu Ende und der „Lärm" vorüber.

Das Zuschauen war eindrucksvoll, und der „Lärm" wurde für mich zu einem „Hörspiel" – eine Erfahrung für uns beide.

Keine vorschnellen Ratschläge

Jasmin, Kathi und Georgia (3–4 J.) möchten in einen großen Karton steigen. So sehr sie sich auch bemühen, sie schaffen es nicht, die hohen Wände zu überwinden. Sie versuchen, sich gegenseitig über das Hindernis zu heben, auch das gelingt nicht. Bis Jasmin auf die Idee kommt, einen Stuhl als Treppe zu verwenden. Sie sind erleichtert und „üben" begeistert das Ein- und Aussteigen. Der Karton wird gedreht und gewendet, bis sie plötzlich mit Überraschung entdecken: „Jetzt haben wir ein Haus und ein Dach!"

Hilfe ja, aber nicht zu früh!

Senad und Dominik spielen zusammen. Sie schichten Eierschachteln auf einen Tisch. „Das ist ein Lastwagen, wir verkaufen Eier!"

Dominik verläßt seinen Partner, um sich mit einem großen Karton zu beschäftigen. Senad funktioniert den Lastwagen in ein Bett um und macht es sich gemütlich, wobei er sich noch einen zweiten Tisch dazustellt.
Dominik kommt mit neuen Eierschachteln wieder zu Senad zurück. Er versucht, sie auf den Tisch zu schlichten, aber Senad spielt ja im Grunde schon etwas ganz anderes: „Nein, nicht die Schachteln hierher, das ist mein Bett!"
Dominik ist enttäuscht und überrascht. Er möchte in der Nähe von Senad bleiben, aber auch sein Lastwagen-Spiel spielen.
Ein Tisch steht in der Nähe, und Dominik versucht, ihn an eine bestimmte Stelle zu rücken. Es gelingt ihm nicht, denn er muß durch einen Engpaß. Er rückt den Tisch vorwärts, zur Seite, wieder rückwärts, versucht, ihn zu heben; entschlossen und konzentriert versucht er, die Aufgabe zu bewältigen, den Tisch durch die enge Stelle an den richtigen Platz zu zwängen. Ich sehe natürlich schon längst, daß dieser Weg aussichtslos ist: Er müßte den Tisch ganz außen herum tragen.

Doch ich mische mich nicht ein und warte, bis Dominik sich selbst meldet: „Ich brauche Hilfe, der Tisch soll da rein, der soll da durch, aber das geht nicht!" Ich frage zurück: „Gibt es noch einen anderen Weg?" Wie vom Blitz ge-

troffen zeigt er mir den Weg außen herum, und ich helfe ihm beim Transport.
Mit großer Ausdauer, und dabei singend, schlichtet er nun drei Lagen Eierkartons auf den Tisch-Lastwagen, in der Nähe Senads sein Spiel spielend.

Nein!

Milijana (3¼) versucht, mit einer Schere einen Karton zu schneiden. Es gelingt ihr unter großer Anstrengung. Sie entdeckt einen Blechlöffel aus dem Puppenschrank und versucht, auch diesen zu zerschneiden. „Wenn Milijana so weitermacht, wird die Schere bald kaputt sein", denke ich. Meine Befürchtungen sind unbegründet, denn sie geht gefühlvoll mit der Schere um und hat gleich verstanden, daß der Löffel zu hart ist. Sie unternimmt noch mehrere Versuche, einen Plastik-Holzstift und andere Gegenstände zu zerschneiden. Über mißglückte Versuche ist sie nicht enttäuscht, sondern eher neugieriger geworden. Mit Papier hält sie sich länger auf, bis sie eine Mandarinenschale findet. Mit Freude und Hingabe schneidet sie die Schale in viele, viele kleine Teile. Und weil ich nicht allein bei der Gruppe bin und meine Kollegin sieht, was ich beobachte, ist es nicht nötig, Milijanas Experimentierphase zu unterbrechen. Nur als sie die Puppe mit den langen Haaren in der Hand hat, bin ich sprungbereit. Sie setzt die Schere an, drei bis vier Haare fallen, und ich unterbreche mit einem „Nein", auf das sie sofort eingeht. Verschmitzt lächelnd schaut sie mich an und wendet sich wieder einem Stück Papier zu.

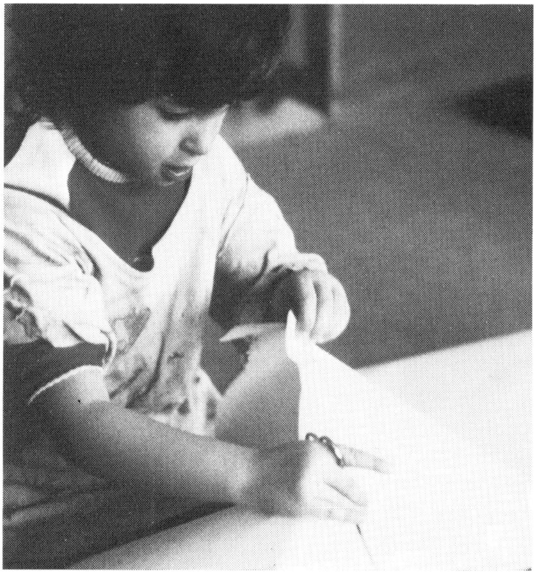

„Erste Hilfe"

Wenn man zu spät kommt, ist es manchmal schwierig, in die Gruppe hineinzukommen. Kinder erkennen das selber und helfen.
Jasmin kommt heute erst um halb zehn, weil die Mutter krank ist. Ratlos steht sie an der Türe; keiner beachtet sie. Susanna (3½) nimmt Jasmin an der Hand und zieht sie hinter sich her. Jasmin tut so, als würde sie sich sträuben, aber sie läßt es sich gerne gefallen.
Das muß großen Eindruck auf Jasmin gemacht haben, denn sie holt seitdem selbst oft herumstehende Kinder ab und versorgt sie, bietet Kontakt an. Im stillen nennen wir sie „Erste Hilfe".

Was wäre wohl geschehen, wenn ich damals Jasmin gerettet, ihr meine Hilfe angeboten hätte? (Wir begrüßen in solchen Fällen die Kinder freundlich, hüten uns aber davor, daß wir uns auf sie stürzen und irgendwo integrieren.) Ich hätte zumindest Susanna eine Chance genommen, Hilfe zu leisten, und ich hätte Jasmin um die Erfahrung gebracht, Hilfe von einem anderen Kind zu erhalten und diese Erfahrung und Hilfe weiterzugeben.

„Kreis der Welt"

Jasmin fängt an, mit den Stühlen einen Kreis zu bauen. „Praktisch", denke ich; wir haben nämlich ein Stuhlkreisgespräch vor.

„Ein Eikreis!" merkt ein Kind.
„Ein Löwenkreis?" fragt ein anderes.
„Kreis der Welt!" meint Jasmin strahlend.
Für die Löwen ist der Eintritt frei. Sie schleichen sich schon (vierbeinig) auf den Stühlen und im Kreis herum. Nach Jasmins Befehl springen sie hoch und herunter. Die Manege wird zu eng und mit fünf Tischen erweitert, eine Leiter zum Klettern kommt dazu.
Immer mehr Kinder spielen mit; aus dem vergrößerten „Kreis der Welt" ist eine Turnhalle geworden. Die Kinder sind gute 20 Minuten mit sich selbst beschäftigt. Es gibt keinen „Bestimmer" mehr, weil Jasmin ihre anfängliche Dompteurrolle aufgegeben hat. Es wird von den Tischen gesprungen, auf den Tischen balanciert,

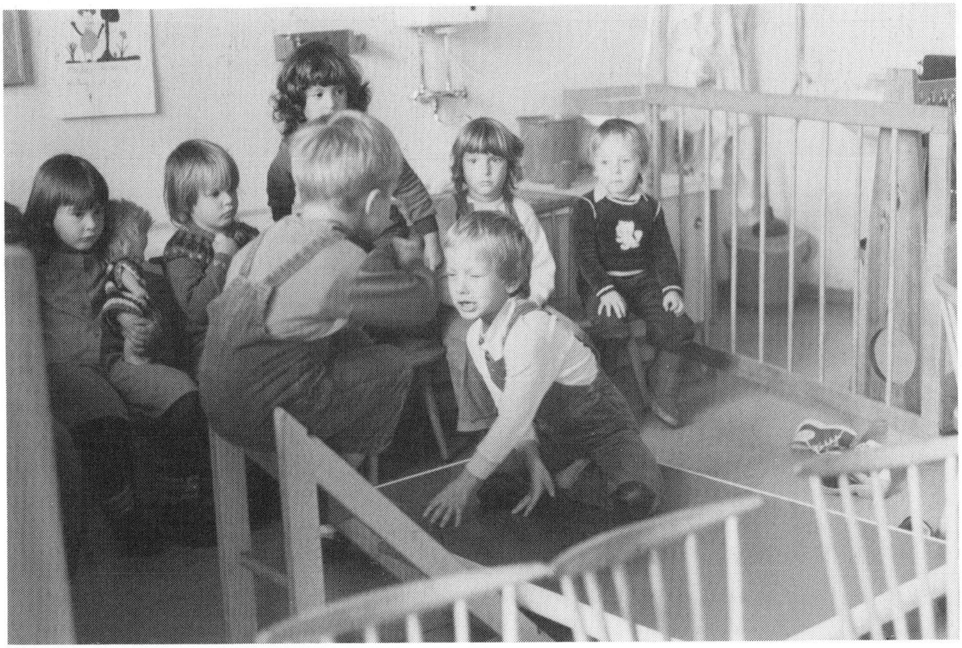

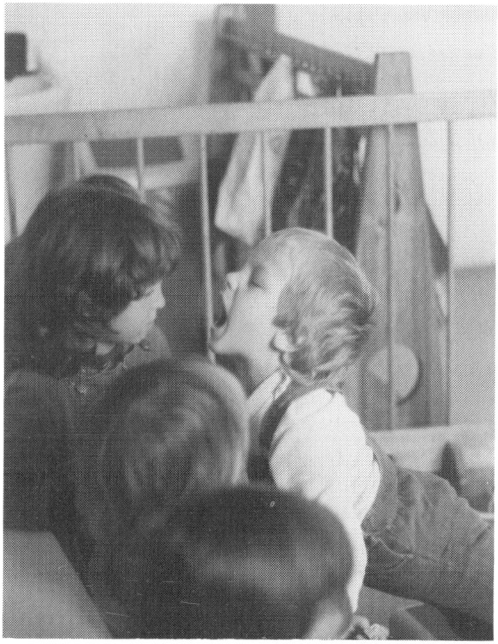

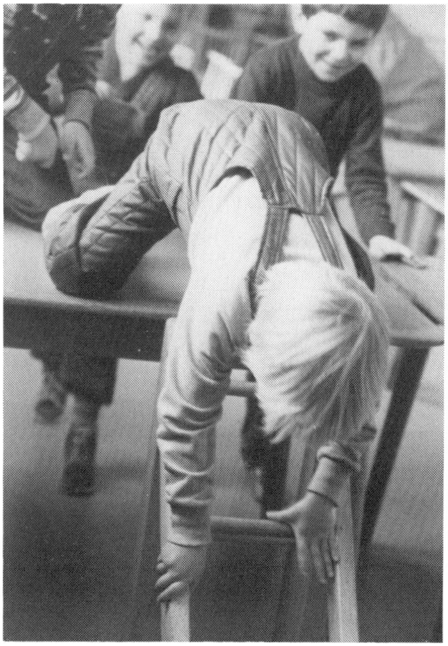

geklettert, gefangen, alles noch als Löwenspiel. Ich stehe dort, wo gerade Gefahr besteht, und mache die Kinder darauf aufmerksam.
Die Kinder haben viel mehr Selbstvertrauen, als ich dachte. Elena ist meiner Meinung nach geradezu übermütig und klettert vierbeinig die Leiter-Treppe herunter: mit dem Kopf nach unten! Soll ich sie unterbrechen, warnen, retten? Ich habe nicht die Zeit zu überlegen und stelle mich so nah, daß ich Elena bei einem Sturz auffangen könnte.

Von wegen Sturz! Als sie nicht mehr vorwärts kann, wirft sie sich einfach seitlich herunter, mit dem Geschick eines Akrobaten. In den Augen der anderen Kinder ist die Bewunderung abzulesen, und ich bin froh, daß ich ihren mutigen Versuch nicht verhindert habe.
Im „Kreis der Welt“ fängt meine Kollegin an, Gitarre zu spielen; bald sind alle Löwen und Turner bei ihr.

Freundschaft!

Joyce wartet sehnsüchtig auf Martina. Sie geht auf den Flur und schaut aus dem Fenster. Endlich ist sie da, und ich bekomme gerade noch den liebevollen Abschied von ihrem Vater mit, als ich zum Telefon muß. Nach ein paar Minuten macht mich Joyce besorgt darauf aufmerksam, daß sich Martina wieder anziehen will, um in das Geschäft ihres Vaters zu gehen. Ich gehe der Sache nach und bemerke, daß es Martina mit ihrem Vorhaben sehr ernst ist; sie ist bereits wieder angezogen und startbereit. Sie läßt sich von mir an der Hand in das Zimmer führen. Ich nehme sie auf den Schoß und frage sie, warum sie heute nicht dableiben wolle. Es kommt keine Antwort, nur traurige Blicke. Joyce ist ganz nahe bei ihr, sie streichelt ihre Hand. Ich habe das Gefühl, daß sie besser mit ihr umgehen kann, und setze Martina neben mich. Bald werde ich von den beiden nicht mehr beachtet und höre Teile ihres Gespräches: „Warum willst du denn zu deinem Papa ins Geschäft gehen?“ „Ich weiß es doch selber nicht!“ Joyce lenkt Martina ab, indem sie ihr von sich erzählt. Leider kann ich die Situation nur noch aus der Ferne beobachten, aber ich sehe, daß sich Joyce immer wieder von neuem bemüht, Martina zum Dableiben zu überreden; sie kümmert sich um sie, läßt sie nicht alleine, bedrängt sie aber auch nicht. „Willst du immer noch weggehen?“, höre ich sie besorgt fragen. Joyce holt ihr die Hausschuhe ins Zimmer und hilft ihr beim Umziehen. Ein paar Minuten später trägt Joyce Martinas Mantel und Mütze aus dem Zimmer. Beide setzen sich an den Pausetisch, essen und plaudern miteinander. Und wie schon oft kichern sie endlich zusammen!

Vorsichtsmaßnahmen selber treffen!

Senad organisiert eine Turnstunde, in der vor allem weitgesprungen werden soll. Er stellt drei rechteckige Tische hintereinander und schließt zwei Turnmatten an. Zufällig befindet sich am Ende der Turnmatten ein Schrank. Ich mache die Kinder auf die Gefahr aufmerksam:
„Ich finde eure Turnstunde etwas gefährlich! Ihr bekommt durch den langen Weg einen besonders großen Schwung, und da kann es sein, daß euch die zwei Matten nicht ausreichen; ich meine, daß ihr euch an dem Schrank den Kopf anschlagen könntet!“
Senad überlegt kurz: Die Tische kann man nicht verrücken, es gibt keinen anderen Platz mehr im Raum. Er beschafft sich eine zwei Meter lange Stoffschlange und polstert damit den Schrank ab. Nach ein paar Sprungversuchen erkennt er, daß die Sicherung nicht ganz ausreicht. Er sucht nach dem großen Hasen und weiteren Polstern, um den Schrank in Sprunghöhe abzudecken. Nun ist alles abgesichert; es gibt keine Gefahr mehr.

Warten können

Jasmin und Kathi sitzen am Pausetisch und ziehen beide an einer Schnur, die mit einer Papierrolle verbunden ist. Der Anfang eines Konflikts? Nein, denn Jasmin hat erkannt, daß Kathi das Spielzeug haben will, und versucht, ihr zu erklären, daß sie sich in der Schnur gefangen hat und erst befreien muß:
„Halt, halt, ich muß erst 'raussteigen, dann kannst du es haben.“
Kathi wartet zufrieden auf ihr Spielzeug, anschließend teilen sie sich Saft und Breze.

Kontakt aufnehmen!

Elena möchte in der Puppenecke bei Milijana und Daliborka mitspielen. Sie fragt und bekommt ein klares Nein. Erst weint sie bitterlich, aber als sie merkt, daß dies nichts hilft, geht sie traurig weiter. Alle sind in ihr Spiel vertieft. Dominik ist dabei, Holzperlen aufzufädeln. Elena versucht wieder, Kontakt aufzunehmen. Sie hänselt ihn, nimmt ihm Perlen weg, reizt ihn. Dominik fühlt sich überlegen, läßt sich ausnahmsweise gar nicht ärgern und zeigt ihr die „kühle Schulter". Enttäuscht geht sie weiter, um neuen Kontakt aufzunehmen.
Claudia, Jasmin, Nina und Kathi spielen auf dem Teppich. Nach zwei Enttäuschungen unternimmt Elena einen neuen Versuch. Sie legt sich unauffällig auf den Teppich, wo die Gruppe spielt. Nina (3½ J.) entdeckt sie und meint, das Territorium verteidigen zu müssen, indem sie Elena mit einer Kasperpuppe schlägt. Obwohl Elena älter ist, macht sie keinen Versuch, sich gegen den Angriff zu wehren. Heute ist sie besonders unsicher, und deshalb gelingt ihr wenig. Sie macht eine Grimasse, als ob sie zu weinen anfangen wollte, da gibt Claudia an Nina den Ratschlag: „Laß das, die ist heute empfindlich!" Nina läßt sie in Ruhe. Elena hat zwar Kontakt aufgenommen, aber sie ist dabei, ihn wieder zu verlieren, weil sich keiner mehr um sie kümmert. „Ich soll ein Hund sein!" Keiner nimmt Notiz von ihr. Sie gibt nicht auf: Mit lächelnder Miene, kopfnickend, schnüffelnd und mit freundlicher Stimme wiederholt sie ihr Angebot: „Ich soll ein lieber, ganz lieber Hund sein!" Elena hat es geschafft; die Gruppe stimmt ihr zu und nimmt sie freundlich auf.

Strukturierende alltägliche Regeln

Brotzeit

Die Brotzeit ist die Mahlzeit, die im Kindergarten am freiesten gestaltet werden kann. Wir haben aus praktischen Gründen „gleitende Brotzeit" angefangen, weil die Kinder zu verschiedenen Zeiten unterschiedlich satt vom Frühstück und mit unterschiedlichen Eßgewohnheiten und -bedürfnissen in den Kindergarten kommen. Im Laufe der Zeit stellten wir fest, daß dies noch viele andere Vorteile hat. Die Brotzeit ist so intimer als z. B. das gemeinsame Mittagessen bzw. Geburtstags- und Festtafeln, die dadurch wiederum etwas Besonderes darstellen.
Aber am wichtigsten erscheint uns, daß bei freier Brotzeit sozial unglaublich viel passiert: So verabreden sich „Jungverliebte" und alte Kumpel zum Essen, und für Schüchterne, die es noch nicht wagen, mit dem oder der Verehrten zu spielen, ist es eine erste Kontaktmöglichkeit, wenigstens an einem gemeinsamen Tisch zu sitzen. Für Kinder ist es ebenso wie für die Erwachsenen eben viel interessanter, sich frei in einem Café oder Restaurant zu ver-

abreden, als den anderen nur in der Kantine zu treffen. Die Brotzeitgespräche sind dementsprechend wunderbar.

1. Die Kinder können sofort, also ab 7 Uhr, mit der Brotzeit beginnen. Da es um 12 Uhr Mittagessen gibt, sollten alle Kinder bis spätestens 11 Uhr ihre Pause gegessen haben. Wir machen auf den Zeitpunkt aufmerksam („Letzte Möglichkeit zum Brotzeitmachen!"). Allerdings *muß* kein Kind Brotzeit machen. Auch Ausnahmen werden zugelassen, z. B. wenn ein Kind so intensiv gespielt hat, daß es einfach nicht Brotzeit machen konnte.
2. Es gibt einen besonderen „Pausetisch". Wir haben das Glück, einen runden Tisch zu haben neben den rechteckigen Spiel- und Arbeitstischen.
3. Es gibt Ausnahmen. Die Kinder dürfen auch mal in einer gebauten Höhle oder in einer ganz bestimmten Ecke Brotzeit machen. Aus hygienischen Gründen muß zu diesen Ausnahmen gefragt werden, damit der besondere Charakter erhalten bleibt und die Kinder besonders achtgeben.
4. Die Kinder dürfen selbstverständlich das Spiel unterbrechen, d. h. alles liegen und stehen lassen, um ihre Pause zu essen.
5. Sie dürfen mit ihrer Pause nach ihren Bedürfnissen umgehen: Verschenken und Vertauschen sind erlaubt. (Wenn das jeden Tag stattfindet und die Vermutung besteht, daß dem Kind dieses Pausebrot nicht schmeckt, geben wir den Eltern den Rat, es einmal mit etwas anderem zu versuchen.)
6. Für übrige Brotzeit haben wir jederzeit Butterbrotpapier zum Einpacken vorrätig. Wenn ein Kind keine Brotzeit mehr hat, kann es jederzeit Tee und Knäckebrot bekommen.
7. Grundregel: „keine Süßigkeiten". Von Zeit zu Zeit machen wir Aktionen für gesundes Pausebrot.
8. Die Kinder holen sich selbstverständlich das an Geschirr und Besteck, was sie für die Brotzeit brauchen, auch Messer zum Schneiden eines Apfels oder zum Streichen einer Breze. Im Winter haben sie das Auspressen ihrer Orangen entdeckt.
9. Jedes Kind räumt nach seiner Pause Teller, Becher und Besteck selbst auf und hinterläßt einen ordentlichen Platz. Dieses Maß an Verantwortung und Selbständigkeit ist (vor allem am Anfang) nicht einfach.
10. Wir machen am selben Tisch mit den Kindern Pause.

Mittagessen

1. Jedes Kind sucht sich selbst seinen Sitzplatz.
2. Jedes Kind bekommt das gleiche Besteck, also Messer und Gabel. Wer mit dem Besteck andere „bedroht“, bekommt es nach einer „Verwarnung“ für diesen Tag abgenommen und muß mit dem Löffel essen.
3. Jedes Kind nimmt sich selbst das Essen, egal wie alt es ist und wie lange es schon den Kindergarten besucht. Wir fördern allerdings die „französische“ Art des Essens, d. h., daß man sich oft und wenig nimmt und nicht einen vollgeschaufelten Teller leermachen muß. Bei neuen Kindern dauert es durchaus eine Zeit, bis sie das schaffen, denn zum einen macht das Schaufeln Spaß, zum anderen muß evtl. eine gewisse Angst, nicht genug zu bekommen, überwunden werden. Sogar „alte“ Kindergartenkinder bekommen je nach seelischer Verfassung „Rückfälle“.
4. Keiner *muß* essen! Niemand muß von dem Essen, das er nicht mag, probieren. Man kann das Essen versuchen und es dann verweigern, das gehört zur Würde des Kindes. Das Argument „aber Kinder müssen doch gesund essen“ ist heute nicht mehr stichhaltig: Salat ist voller Schwermetalle, und in Gemüse ist viel Nitrat.
5. Offenheit für andere Eßkulturen und verschiedene Möglichkeiten des Genießens: geschleckt schmeckt Quark anders als mit dem Löffel gegessen – der ausgesaugte Orangenschnitz – geschlürfte Flüssigkeit (Suppe) – schmatzen, mit den Fingern, mit Stäbchen essen ...
   Unsere gehobene Eßkultur erfahren die Kinder

durch den Restauranttisch. Der Tisch wird besonders gedeckt: Stofftischdecke, Geschirr mit Goldrand, Servietten, Weingläser, Seidenblumen, Kerzen, eventuell Tafelmusik. Wir reichen das Essen nach Wunsch, und die Kinder bedienen sich und verhalten sich sehr vornehm, denn unpassendes Benehmen kann (für diesen Tag) zu Restaurantverbot führen. Besonderen Spaß haben sie, wenn ein Kind am Ende „abkassiert“.
6. Sich während des Essens zu unterhalten, ist erlaubt, ja gern gesehen; Essen ist schließlich eine soziale Situation. (Es finden wunderbare Tischgespräche statt!)
7. Wer besonders viel ißt, ist deshalb nicht „brav“, sondern wird eher dick (was wir natürlich nicht sagen).
8. Das Füttern ist kein Babyverhalten; es bedeutet, dem anderen zu helfen, für ihn zu

sorgen und Zärtlichkeit für ihn zu haben. Auch Erzieher (soweit sie das mögen) lassen sich auf Wunsch der Kinder füttern (kommt selten vor). Öfter genießen es die Kinder, uns zu bedienen.

9. Es gibt keinen Konflikt, wenn es darum geht, wer den Tisch abdeckt oder die Nachspeise austeilt, denn dieses bei manchen Kindern beliebte Amt wird ständig gewechselt. Meistens suchen sich die unruhigen Kinder diese Beschäftigung aus, da sie die Möglichkeit haben, sich zu bewegen.
10. *Unsere Erfahrung:* Alle Kinder werden gute Esser, aber es gibt Kinder, die drei Jahre z. B. keine Erbsen essen.

Mittagsschlaf

1. Jedes Kind sucht sich seinen Schlafplatz. (Stört ein Kind ständig seinen Nachbarn, bekommt es für diesen Tag einen bestimmten Platz.)
2. Manche Kinder schlafen auf der Turnmatte. Dreijährige (oder auch ältere Kinder) bauen sich manchmal ein Nest, d. h., sie stellen Rollen oder Stühle um ihr Bett.
3. Jedes Kind schläft mit einem oder mehreren von uns hergestellten Schmusetieren.
4. Es gibt auch Kinder, die einen Schnuller haben; sie werden selbstverständlich nicht ausgelacht.

5. Wenn ein Kind Einschlafschwierigkeiten hat oder nicht schlafen kann, macht das nichts; es ist deswegen nicht „bös". Es darf ein Bilderbuch anschauen, aber nicht die anderen stören (z.B. durch Herumgehen oder Laut-Sein).
6. Es gibt leise Musik, oder es werden Märchen und Geschichten vorgelesen oder erzählt.
7. Wenn der Platz ausreicht, werden die Betten zu einer bestimmten Form aufgestellt: Sonne, Haus, Muster usw.; vgl. Rudolf SEITZ (Hrsg.): SEH-Spiele, Don Bosco Verlag, München 1982, Seite 106f.

Das Aufräumen!

Unsere Einstellung dem Aufräumen gegenüber überträgt sich auf die Kinder. Wenn wir es selbst als eine Last empfinden und es ungern tun, wird es für alle Beteiligten eine unangenehme Aufgabe. Anstatt es eine qualvolle, zwanghafte Beschäftigung werden zu lassen, soll es eine Betätigung sein, die mit angenehmen und positiven Gefühlen verbunden ist. Wir machen uns immer wieder Gedanken darüber, und so verändert sich manchmal die Form des Aufräumens. Trotzdem gibt es feste Regeln, die grundsätzlich eingehalten werden.

Jedes Kind darf sich selbst aussuchen, was es aufräumen will, egal mit was es gespielt hat und ob es überhaupt gespielt hat.

20 Minuten vor dem Aufräumen wird angekündigt, daß jetzt die letzte Möglichkeit zum Brotzeitmachen ist.

Manchmal sind die Kinder müde, weil sie sich während des Freispiels sehr verausgaben. Sie können sich ausruhen und dann den Rest aufräumen.

Auch die Dreijährigen räumen auf; wenn sie nicht wissen, was und wo, dann bekommen sie eine kleine Aufgabe zugeteilt.

Manche Kinder packt manchmal die Ausräumwut, doch anschließend bewältigen sie das entstandene Chaos alleine nicht. Wenn sich niemand anbietet, das Chaos aufzuräumen, dann sind die „Urheber" selbst verantwortlich, bekommen aber eine Hilfe zugeteilt. Wenn sich die „Chaosverursacher" öfters aufzuräumen weigern, begrenzen wir an den folgenden Tagen das Ausräumen!

Die Kinder dürfen während des Freispiels mehrere Spiele beginnen, ohne dazwischen aufzuräumen. Sie verlassen die Puppenecke oder die Bauecke, den Maltisch oder eine gebaute Höhle. Wenn allerdings eine Höhle zerstört wird, also unbewohnbar ist, müssen die Dekken bzw. der Platz wieder aufgeräumt werden.

Manchmal fangen kleine Gruppen an aufzuräumen, während andere Kinder ihr Bauwerk, Experiment, Bild, Rollenspiel... zu Ende bringen können. Es ist frustrierend, etwas Angefangenes nicht bis zum Ende durchführen zu dürfen!

Manchmal räumen wir alle Spielsachen in die Mitte des Raumes, und einer ist der „Verkäufer", der die einzelnen Sachen anbietet. Da gehen die Spielsachen weg wie warme Semmeln. Die Kinder haben großen Spaß an diesem Verkaufspiel.

Manchmal wird während des Aufräumens gesungen (selbst ausgedachte Juxlieder) oder eine Schallplatte aufgelegt.

Meistens setzen wir uns *vor* dem Aufräumen zusammen und besprechen, was danach getan wird. Ganz besonders flink wird aufgeräumt, wenn ein Kasperltheater oder das „Peterle" (eine Handpuppe, die die Kinder sehr lieben)

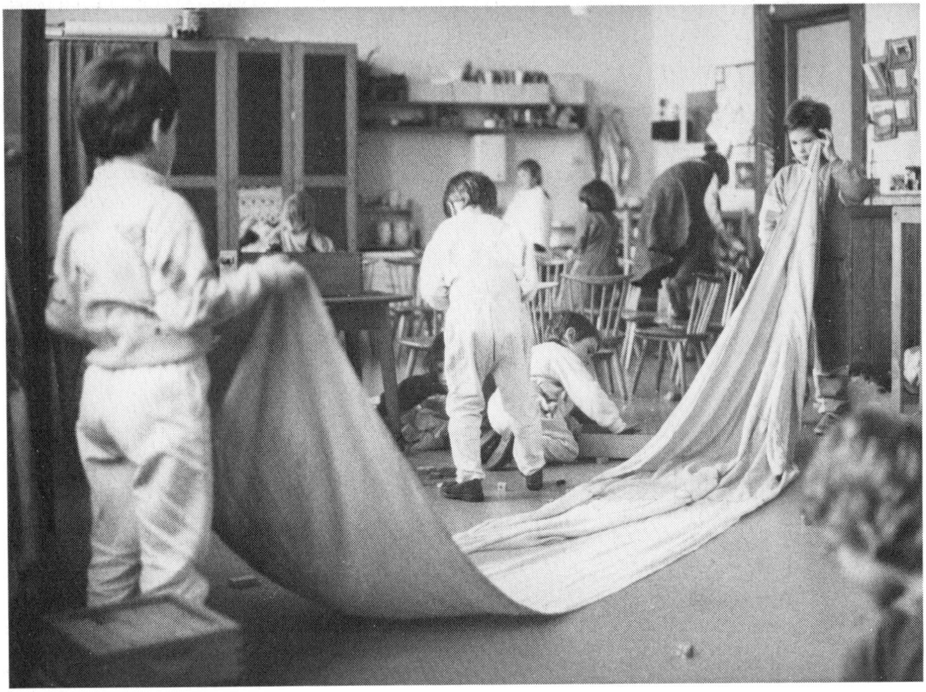

Mindestens so sieht es bei uns oft aus ...

oder irgendeine Besonderheit angekündigt werden.
Mit all diesen Ideen ist Aufräumen keine lästige Sache mehr, sondern ebensogut wie Förderung eine Tätigkeit mit eigenem Wert, zu der man sich auch genügend Zeit nimmt. Aber vielleicht ist es bei uns auch einfacher, weil wir viele Spielmaterialien haben, die sowohl beim Rausräumen wie beim Aufräumen „viel hermachen": Mit nicht allzu vielen Handgriffen ist der Effekt vorher – nachher, z. B. beim Decken-Zusammenlegen, sehr deutlich; man hat schnell das Gefühl, viel vollbracht zu haben.

Eine Unordnung, die sich von selbst aufräumt

Olivera experimentiert mit wertlosem Material, einer Papierrolle. Sie rollt sie auf, wirft sie wie eine Luftschlange in die Höhe, läßt sie auf dem Boden entlangrollen, zerreißt sie, knittert sie, macht Geräusche, läßt sie durch die Luft schwingen, wühlt in der Papiermenge, bedeckt sich damit, schwimmt, juchzt, aalt sich und genießt den Zustand. Entspannt und zufrieden verläßt sie das Papiernest, das inzwischen mehrere Quadratmeter Boden bedeckt, um Pause zu machen.

Soll ich Olivera auffordern, die „Unordnung“ gleich aufzuräumen? Aber wen stören die Papiere außer mir, vielleicht will sie nachher auch wieder weiterspielen.
Ich brauche nicht weiterzudenken, denn Dominik kommt und hebt eilig die Papierfetzen auf. Nebenbei höre ich ihn rufen: „Die brauche ich für meine Papiermaschine, oh ja, die brauche ich alle!“ Die Papiermaschine ist fertig, und Dominik erklärt, wie sie funktioniert.

Weiterspielen

Dominik stellt mehrere Stühle hintereinander und spielt begeistert „Busfahrer“. Zehn Minuten später unterbricht er sein Spiel, weil er einen Freund begrüßt und sich anschließend mit ihm beschäftigt.
Sebastian (3 J.), seit ein paar Tagen im Kindergarten, ist meist Beobachter und hat noch keinen Kontakt mit anderen Kindern. Zielstrebig kümmert er sich um das verlassene Spiel, sucht nach allen freien Stühlen im Raum und schleppt sie an die Baustelle, um den Bus so lange wie möglich zu verlängern. Er wirkt selbstsicher und stolz. – Ein zu frühes Aufräumen hätte vieles verhindert.

Einige Kinder lassen ein angefangenes Bauwerk achtlos liegen. Eigentlich sind es nur ein

paar Bausteine und die beliebten Baumscheiben, die herumliegen.
Nima, erst ein paar Tage im Kindergarten und noch sehr schüchtern, geht auf die Stelle zu und legt die Baumscheiben in einer bestimmten Reihenfolge hin. Vorsichtig balanciert er durch die Reihe, verändert den Abstand, balanciert wieder. Er fühlt sich unbeobachtet, keiner kümmert sich um ihn, er kann sich „Fehler" erlauben und alles ausprobieren. Er steigt über die einzelnen Teile, baut sich neue Schwierigkeitsgrade, erfindet immer wieder etwas Neues.

Positiv sehen!

Kurz vor Beendigung des Freispiels setze ich mich erschöpft und auch etwas entsetzt über das große Durcheinander im Zimmer neben Senad auf einen Tisch. Durch das Zimmer blikkend, murmle ich halblaut und etwas verzweifelt vor mich hin: „Das ist heute aber ein schlimmes Chaos." Senad lächelt und antwortet: „Nein, das ist ein schönes Muster, das müßte man aufhängen. Schade, daß man das nicht kann."

Raumgestaltung und Materialangebot

Ergebnisse der Umweltpsychologie zeigen, daß menschliches Verhalten sehr stark auch von den materiellen Gegebenheiten der Umwelt beeinflußt wird. So verführen die „genormten Durchschußpisten" des modernen Straßenbaus auch gutwillige Autofahrer zum Rasen, weil die Monotonie sie unbewußt dazu drängt, ihren Weg schnell hinter sich zu bringen. Am Beispiel der gebauten Umwelt lassen sich deutlich die Präferenzen der Gesellschaft erkennen: funktionale Schlafstädte an den Ausfallstraßen, Einkaufszentren, Industrie- und Bürozentren; beim Wohnungsbau sind die Vorschriften für Parkplätze weitaus strenger als die für Kinderspielplätze. Die autogerechte Stadt ist jedoch nicht unbedingt menschengerecht; MITSCHERLICH spricht von der „Unwirtlichkeit unserer Städte" und schreibt: „Der junge Mensch ... braucht ... Elementares, Wasser, Dreck, Gebüsche, Spiel-Raum. Man kann ihn auch ohne das alles aufwachsen lassen, mit Teppichen, Stofftieren oder auf asphaltierten Straßen und Höfen. Er überlebt es – doch man soll sich dann nicht wundern, wenn er später bestimmte soziale Grundleistungen nie mehr erlernt, zum Beispiel ein Zugehörigkeitsgefühl zu einem Ort und Initiative."[51]

Gruppenraum

Unsere Kinder haben wie viele Großstadtkinder zuwenig Spiel-Raum. Wir können nicht direkt ihre Lebenswelt ändern, aber wir können die Möglichkeiten unseres Gruppenraumes nutzen. Diese Möglichkeiten sind inzwischen mehr, als wir uns jemals vorgestellt haben; so vorsichtig wir uns nämlich beim Eingreifen ins freie Spiel und in soziale Prozesse verhalten, so aktiv tätig sind wir bei der *Gestaltung von Raum* und Materialangebot. Allerdings *vorher,* nie *während* des Freispiels, weil jede Tätigkeit der Erzieherin sofort die Aufmerksamkeit der Kinder fesseln würde.

Das größte Problem ist der Platz; er ist in jedem Kindergarten zuwenig. Da wir auf unseren Gruppenraum begrenzt sind (die Turnhalle nicht benützen können und als Ausweichräume nur die zwei Horträume haben, die voller Tische stehen, also auch nicht gerade Platz bieten), haben wir in einem längeren Prozeß allmählich mindestens die Hälfte des ehemaligen Mobiliars entfernt, z. B. auch den Erzieherinnentisch. Es geht wirklich so, und es geht gut: Wir haben dabei festgestellt, daß man unglaublich viel Mobiliar im Raum hat, das eigentlich nur zur Aufbewahrung von Spielsachen und Material dient und selbst gar nicht zu verwenden ist. Aber ähnlich ist es ja in jedem deutschen Wohnzimmer. Meist ist ein Kindergartenraum eine unübersichtliche Ansammlung all dessen, was man an Spielzeug in Aufbewahrungsmöbeln bereithält. Wir glauben fast, daß es den Kindern eigentlich nicht logisch erscheinen kann, warum das eine Erscheinungsbild „aufgeräumt" heißt und das andere nicht (nur weil die Erzieherin das sagt, glauben sie es wohl mehr oder weniger).

Eine möglichst weitgehende optische Ruhigstellung des Raumes versuchten wir auch dadurch, daß wir bis etwa in Kinderhöhe an den Wänden Kork aufgezogen haben, ein angenehmes Material zum Anfassen und Anschauen, mit einer Leiste abgeschlossen. Darüber haben wir zum Aufhängen von Kinderzeichnungen Preßpappeplatten, alles (von uns selber) einheitlich wie die Wand gestrichen. Gemessen an der (durchaus gemütlichen) Vielfalt anderer Kindergartenräume wirkt unser Zimmer von der Grundlage her eher kahl, wird aber durch Spiel und Aktionen schnell in selbstgestaltete Gemütlichkeit verwandelt. Senads Bemerkung, das Freispielchaos sei ein Muster, ist darum sehr zutreffend.

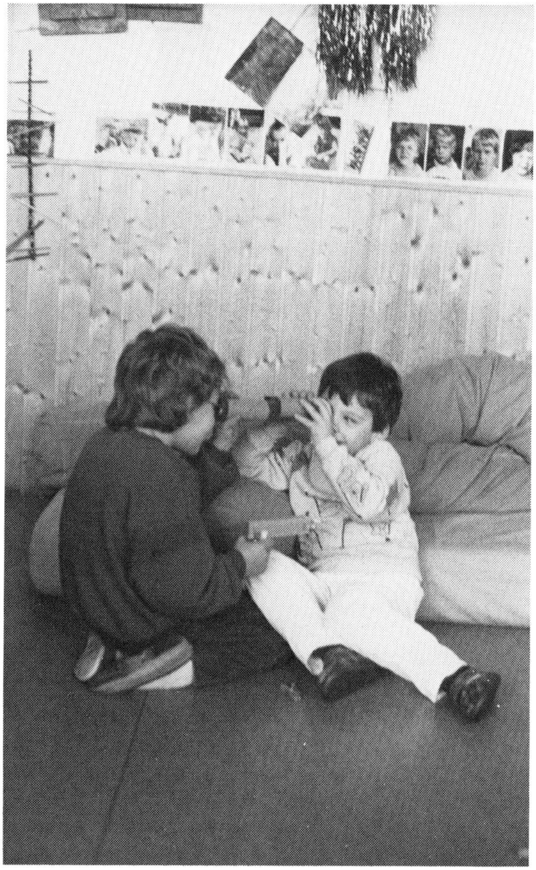

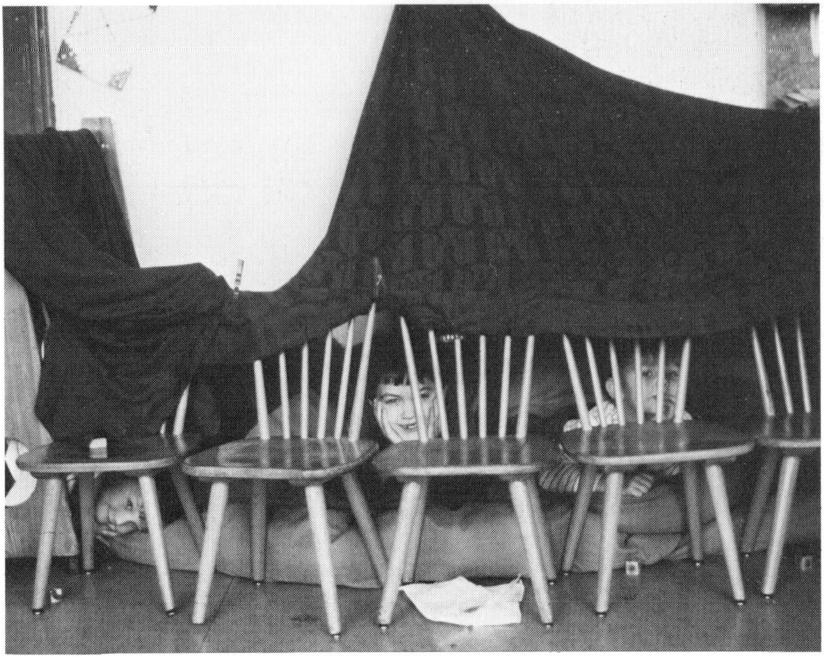

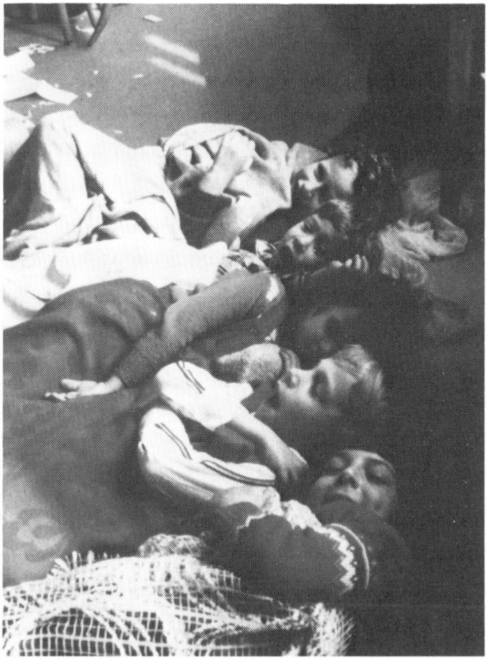

Spielmaterial

In weniger Schränken bringt man natürlich auch weniger *Spielmaterial* unter. Das ist zwar immer ein Problem, ganz egal wie viele Schränke man hat, aber wir haben inzwischen eine Linie gefunden, mit der wir sehr gut zurechtkommen. Wir wählen Material ziemlich rigoros nach unseren Vorstellungen von freiem Spiel aus: z. B. Kleber und große Papiere in rauhen Mengen; die Kinder müssen damit nicht sparen. Und wir verändern das Angebot, haben wegen Platzmangel nicht zu allen Zeitan alles im Zimmer.

Unsere Auswahl an Material ist ziemlich eindeutig: Wir bevorzugen große und grobe, inhaltlich wenig festgelegte und vielfältig verwendbare Materialien, mit denen die Kinder ohne unsere Einführung oder Anleitung spielen können. Diese Materialien dürfen auch kaputtgehen, müssen nicht „geschont" werden, weil sie leicht ersetzbar sind: Decken, Verkleidungsmaterial, große Papprollen, Eierschachteln, kleine und große Kartons, die bei uns sehr beliebt sind. Die Kinder trauerten anfangs sehr, wenn diese aufgrund intensiver Benützung den Weg alles Irdischen gegangen sind, aber inzwischen sind sie sehr geübt, sie durch Kleben usw. wieder zu reparieren und zu erneuern oder in neue Kartons wieder Fenster und Türen hineinzuschneiden (was wir ihnen nie gezeigt oder nahegelegt haben).
Zwei sehr erfreuliche Nebenwirkungen haben diese groben Materialien: Sie machen, wie schon erwähnt, sehr viel her, d. h., sowohl der Gestaltungseffekt wie der Aufräumeffekt ist ungeheuer, und zum zweiten werden Tische, Stühle und die Kästen der Bauecke im gleichen freizügigen Umgangsstil gleich mitverwendet. Das begrüßen wir sehr, denn es ist eines unserer Ziele, daß die Kinder sich trauen, *Umwelt selbst zu gestalten.*
Natürlich haben wir auch kleinere Spielsachen; Fröbel-Bausteine und sonstige sowieso, aber auch Schusser, Gummitiere, Autos usw., die auch sehr beliebt sind. Für Spielmaterial, das leicht verlorengehen kann, haben wir ein Regal etwa in (Erwachsenen-)Augenhöhe. Jedes Kind kann Spielzeug dieser Art verlangen, jedes bekommt es, egal wie alt es ist. Es wird der Name des Kindes auf ein Papier aufgeschrieben, und die Anzahl der Schusser, Tiere usw. durch

ernesto

senkrechte Striche angegeben. Die Kinder fühlen sich für diese Dinge besonders verantwortlich. Nach dem Spiel, wenn das Ausgeliehene zurückgegeben wird, kann das Kind nach einiger Erfahrung selbst nachkontrollieren, ob die Anzahl stimmt.

Es kann auch passieren, daß zugängliche Spielsachen „vergessen" werden; in Schubladen, oder weil sie einen ungünstigen Platz haben. Ein neuer Platz macht es wieder aktuell und interessant. Wir machen auch von Zeit zu Zeit Spielsachen-Aktionen, d.h., wir nehmen alle Schubladen heraus und stellen sie in der Mitte des Raums zusammen. Aus der „Vogelperspektive" macht die Fülle von Spielsachen einen besonderen Eindruck, weil sie auf einen Blick sichtbar sind. Ähnliche Effekte haben Sortier-Aktionen.

Wir gehen auf Material- und Spielbedürfnisse der Kinder ein:
Miodrag und Milijana schleppen zielbewußt einen Tisch durch das ganze Zimmer in Richtung des Waschbeckens. Sie umgehen ein paar Hindernisse, bis sie ihr Ziel erreicht haben. Gerade möchte ich fragen, was sie da wollen, denn keiner kann mehr an das Waschbecken hin, da wird mir klar, was die beiden an diesem Ort so interessiert: der Spiegel über dem Waschbecken. Sie stellen sich nebeneinander auf den Tisch und schauen in den Spiegel, schneiden Grimassen, unterhalten sich und geben ein lustvolles und ausdauerndes Schauspiel. Niemand stört es, mich auch nicht, im Gegenteil, ich bekomme eine sehr amüsante Vorstellung zu sehen.
Tage später besorgten wir eine Spiegelfolie, die wir in Augenhöhe der Kinder befestigten. Ihre

Freude war groß. Von den Eltern bekamen wir dann noch einen großen Spiegel geschenkt, der keinen Tag unbeachtet bleibt. Schließlich fanden wir in einem Haushaltswarengeschäft Metall-Vorlegeplatten, die nicht kaputtgehen können und sehr elegante, runde Spiegel abgeben.

Wir begrenzen unsere Kinder auch nicht auf Spielzeug; es hat sich eingespielt, daß sie Büromaterial des Leiterinnenbüros mitbenützen: Tesa-Film, Tesa-Krepp, Locher und Klipser. Mit Klipser und Locher werden oft selbstgemalte Bilderbücher zusammengefaßt. Nachdem sich einige Kinder sehr darüber geärgert haben, daß die Löcher immer so unterschiedlich plaziert waren, haben wir ausnahmsweise einmal etwas besser gewußt und ihnen den Trick mit der geknickten Mitte gezeigt.

Tischspiele?

Wir haben, wie sich allmählich auch herumspricht, eine Abneigung gegen Tischspiele und Lernmaterialien, weil wir das für eine sehr einseitige und schablonenhafte Sache halten. In einer Zeit, in der für die Kinder eine Maus kein kleines graues oder braunes Lebewesen ist, sondern erstens Micky-Maus, zweitens die „schnellste Maus von Mexiko“, ist es ein Unding, diese Idiotie auch noch zu verstärken. Wenn die Kinder nämlich von uns Bild-Mäuse vorgesetzt bekommen, helfen wir auch noch dazu, daß die Reihenfolge der Lernprozesse auf dem Kopf steht. Es muß direktes Erleben möglich sein, Berührung, Auseinandersetzung mit allen Sinnen, sonst lieber gar nicht.

Wir haben uns (im Zusammenhang mit diesem Buch) einmal den „Spaß“ erlaubt, unseren Kindern Tischspiele vorzusetzen. Sie haben sich sehr bald so verhalten wie immer: haben das Material umfunktioniert und vielfältig verwendet. Diese Materialien waren allerdings wesentlich schneller uninteressant als andere.

Um die Reaktion der Kinder auf Tischspiele kennenzulernen, bieten wir sie ihnen heute während des Freispiels an. Selbstverständlich verhalten wir uns wie gewohnt, also ohne Einmischung, ohne Anweisungen und sonstige gutmeinende Kommentare abzugeben. Die Kinder sind unser Verhalten gewöhnt und nicht überrascht, ein neues „Material“ zu erhalten.

Eine Gruppe von vier Kindern holt sich ein Tischspiel: „Blinde Kuh“. „Da muß man Blinde Kuh spielen“, meint Alex.

Die Kinder setzen die Masken auf, schieben sie aber nach oben, so daß sie mehr nach einer Kopfbedeckung aussehen. Der Plastiksack mit den Kartonschablonenbildern wird auf den Tisch geleert.

Die Kinder fangen an, sie zu sortieren. „Ah, da ist es drauf“, entdeckt Dragan. Auf dem Schachteldeckel sind die Gegenstände abgebildet. Die Kinder ordnen sie zu, indem sie die Schablonen darauflegen. „Dich sperre ich zu“, grinst Dragan: „tschick, tschick“, und macht die Bewegung mit dem Kartonschlüssel nach.

Alex ruft singend: „Wo bist du, Birne?“ und sucht nach der Schablone. „Ich bin eine Blume“, singt Senad und legt die gefundene Kartonblume auf den Schachteldeckel.

„Armer Mond, armes Lenkrad“ singen Dragan und Alex abwechselnd und legen die genannten Dinge auf „ihren“ Platz.

Jedes Kind bildet vor sich ein Häufchen mit den selbst ausgewählten Bildern (Kartonschablonen).

„Das Flugzeug gehört mir", behauptet Tomi und „fliegt" herum. „Oh, Trompete!", entdeckt er plötzlich und spielt uns ein Lied vor. „Komm, wir müssen es tasten", schlägt Alex vor. „Eeee, jetzt muß ich, wir müssen es so machen", auf den Schachteldeckel zeigend.

„Man muß blind tasten." (Das Wort – *muß* – *müssen* – kommt ungewöhnlich oft vor!) Die Kinder tasten mit aufgesetzten Masken die zweidimensionalen Bilder, die dreidimensionale Gegenstände darstellen sollen! Franz (4 J.) nähert sich der Gruppe und versucht, die unbewegliche Kartonschere als echte zu benützen. Es klappt nicht, und er legt sie wieder hin.

Auf einmal steht die Säge im Mittelpunkt. Senad versucht, einen danebenstehenden Karton zu sägen. „So wird sie kaputt", unterbreche ich seinen Versuch. Alex versucht nach zwei Minuten das gleiche. Es juckt einfach, das Werkzeug als Werkzeug zu benützen! Als ich meine Bemerkung wiederhole, verlassen die Kinder den Tisch mit der „Blinden Kuh".

„Komm, Alex, spielen wir lieber im Karton!" „Ich bin ein Tiger", sagt Alex, der noch immer die Maske anhat. Das Rollenspiel beginnt. Clowns, Teufel und Tiger spielen miteinander. Mehrere Kinder wollen gleichzeitig Masken haben, und meine Kollegin schlägt ihnen vor, selber welche zu basteln.

Es entstehen wunderbare selbstgemachte Masken. Manche Kinder machen auch mehrere (zwei bis drei) und verschenken sie an Freunde, die mitspielen sollen.

Spielorte

Ebenso wie selbständige Eroberung des Spielmaterials möchten wir auch die Eroberung und selbständige Gestaltung des Kindergartenraums fördern. Unsere Kinder dürfen im Gruppenraum überall (auf und unter den Tischen, auf dem Boden, nicht nur in der Bau- oder Puppenecke) spielen. In der Gegend des Waschbeckens finden oft Wasserspiele in Plastikwannen statt, örtlich begrenzt (unser Linoleum-Boden ist zwar nicht schön, aber für Wasser- und „Dreck"-Spiele sehr praktisch). Die Kinder sind es auch sehr gewöhnt, sich mitten im Raum, aber auch an den unmöglichsten Stellen *Spielorte* zu bauen, wo sie mit entsprechenden Materialumrahmungen schnell klarmachen, daß hier gespielt wird. Nur das Fensterbrett und die Kommoden sind wegen Unfallgefahr nicht erlaubt.

Daß die Strukturierung eines Kindergartenraums durch die Einrichtung von Spielecken die Bildung von Kleingruppen fördert, ist inzwischen ziemlich bekannt; Bau- und Puppenecke sind schon „klassisch" geworden. So wie Freinet eine Schule auf Arbeitsateliers aufbaute anstatt auf Klassenzimmer, sind Spielecken wie Regeln klar strukturierend und fordern zur Benützung als Spielorte auf. Durch die Möglichkeiten des jeweils vorhandenen Raums sind sie allerdings begrenzt, und manche Ecke ist durch eine Tür oder sonst etwas Unabänderliches unbrauchbar.

Wie in anderen Kindergärten gehört das Bauen in der Bauecke zu den täglichen Leidenschaften unserer Kinder, aber es ist bei uns auch erlaubt, überall, quer durch das ganze Zimmer, zu bauen. Alle Kinder dürfen (auch gleichzeitig) bauen, da es ja keine räumliche Begrenzung gibt. Zum Bauen darf jedes Material verwendet werden, auch Spielzeug, das nicht zum klassi-

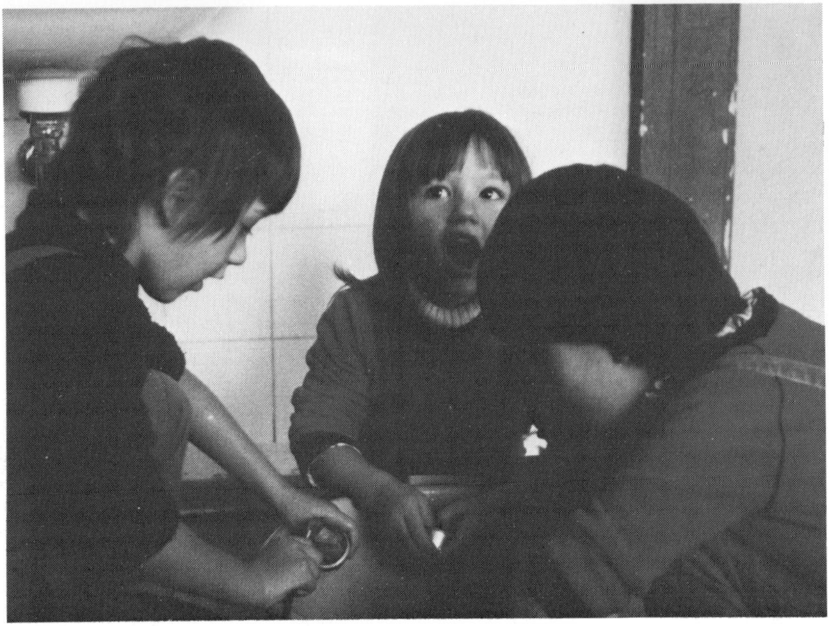

Wasserpanschen: bei unserem Klima auch in der Plastikwanne

Spielort: auf dem Tisch

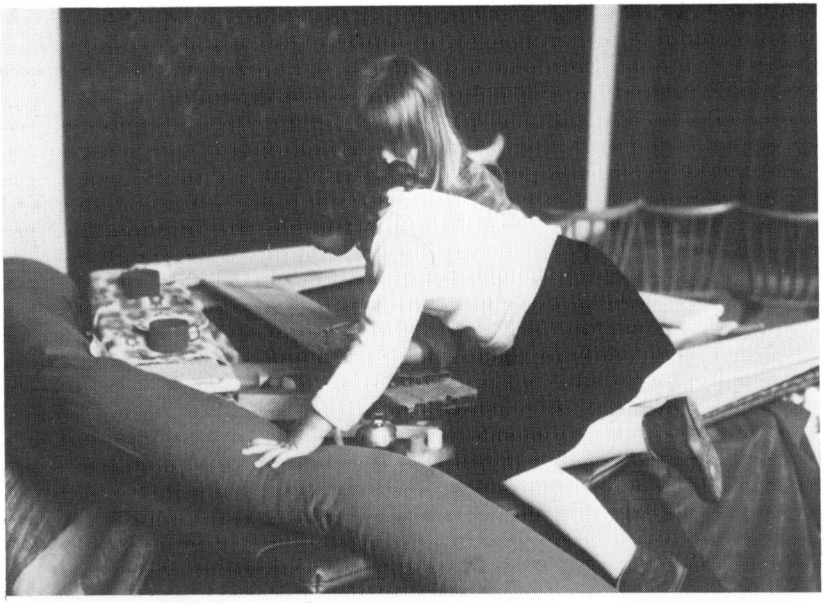

Unsere *Puppenecke* ist ausgerüstet mit einem Teppich, einem Puppenschrank, Tisch und Stühlen, acht selbst hergestellten, dunkelgrünen Polstern (als Bett, Couch oder zum Höhlenbau verwendbar), einer Babybadewanne, einem großen Wäschekorb, in dem die Puppen sitzen, Verkleidungsutensilien (Röcke, Hüte usw.), Telefon und einem an die Wand gedübelten großen Spiegel. Jeder darf in der Puppenecke spielen, das Nähere regeln die Kinder selber. In der Puppenecke darf mit Erlaubnis Brotzeit gemacht, aber nicht geklebt werden, da Teppich und Polster schwer zu reinigen sind. Die Kinder bauen in der Puppenecke oft Höhlen, auch die Decken sind dort untergebracht (viele und große). Ein Problem stellt ein Puppenwagen dar, den sich die Kinder sehr wünschen, der aber so stabil sein müßte, daß er es

Bausteinkästen als Baumaterial

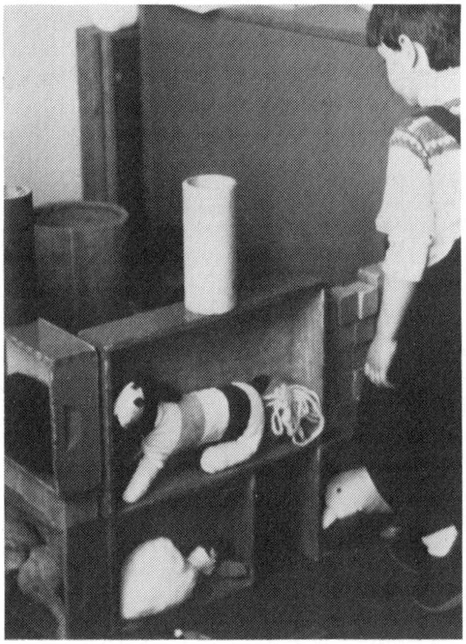

schen Repertoire der Bauecke gehört. Immer stehen in der Bauecke zur Verfügung: Ulbauwagen, Holzscheiben, Legetafeln, Bretter (100–20 cm), bunte Holzbausteine, gefärbte Holzlegetäfelchen (Abfall), eine Autogarage (Kartonhaus) mit Autos, dicke und dünne Kartonrollen, Verpackungsmaterial, Kartonschachteln, Eierschachteln, Kartonbretter (Karton, auf dem Stoffe aufgewickelt waren) sowie alle Spielsachen des Kindergartens aus Schubladen und Kästen. Zusatzmaterial bringen manchmal auch die Kinder und die Eltern in den Kindergarten. Als Regel gilt: Wenn ein Kind dem anderen etwas zerstört, soll es das Zerstörte wieder richten oder ersetzen.

Elektrizitätswerk

Beliebtes Baumaterial: Naturholz

aushält, daß sie sich selbst reinsetzen. Derzeit behelfen sie sich manchmal damit, daß sie auf das Fahrgestell des Ulbauwagens einen Korb oder einen Karton stellen.

Nicht immer reicht die Spielecke aus ...

Eine Entdeckung: Kinder malen und bauen im selben Stil.

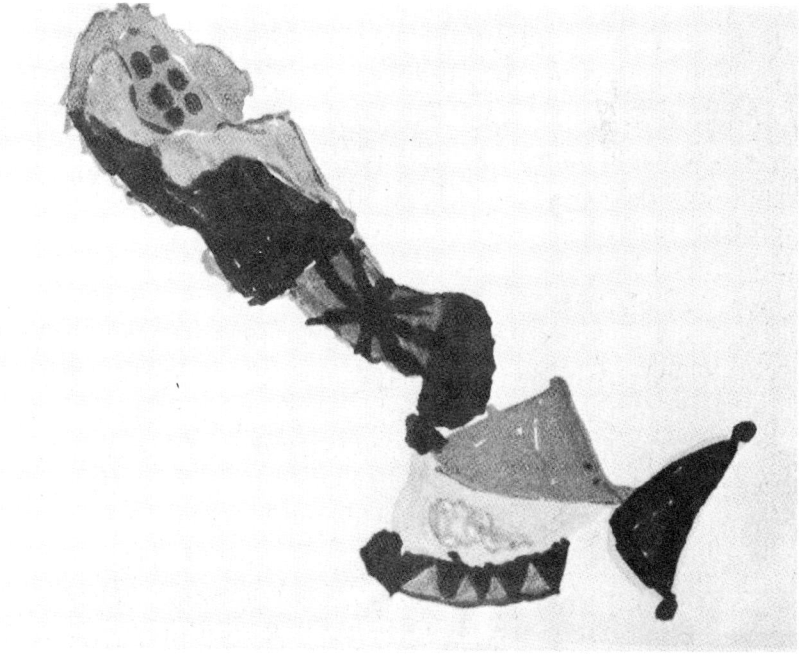

Unser Raum hat vor dem Schrank mit den Liegen noch eine dritte Ecke. Die Kinder stört die Schranktür nicht, wenn wir nicht mitten im Spiel reinmüssen (was wir natürlich vermeiden). Aber als dringend benötigte *Aktionsecke* ist dieser Ort ungeeignet, weil dort etwas längere Zeit stehenbleiben können müßte. Nach langen Überlegungen und vielen vergeblichen Versuchen, durch Umstellen des Zimmers doch noch eine dritte feste Ecke hinzuzubekommen, benützen wir nach einer gemeinsamen Entscheidungsfindung mit den Kindern die Puppenecke zeitweise als Aktionsecke. Das ist insofern nicht allzu dramatisch, weil unsere Kinder sowieso oft mit Sack und Pack, d.h. mit dem gesamten Puppeneckenmobiliar, „umziehen" und sich ihre Familien-, Puppen- und Gemütlichkeitsspiele auch an anderen Spielorten des Zimmers einrichten. Längere Zeit stand in der Puppenecke einmal ein von den Kindern selbstgebautes großes Indianerzelt. Seitdem haben vor allem zwei „Versuche" stattgefunden: der Mattenversuch und ein erster Werkstattversuch.

Mattenversuch

Leider können wir die Turnsäle nicht benützen, da sie durch die Grund- und Hauptschule überbelegt sind. Schon immer hatten wir uns für die

Kinder eine große Turnmatte gewünscht, sie aber nie bestellt, da wir räumlich sehr eingeengt sind.
Unser Traum geht überraschend schnell in Erfüllung und bereitet uns dabei Sorgen. Eine Turnmatte steht uns zur Verfügung, und wir müssen uns schnell entscheiden, ob wir sie haben wollen; sonst kommt sie in den Turnsaal. Ihre Größe ist: 3 m x 2 m x 30 cm.
Unsere Sorgen und Gedanken: Wo sollen wir die Riesenmatte unterbringen? Wir besprechen es mit den Kindern, die nach längerem Hinundherreden sich entscheiden, auf die Puppenecke zu verzichten. Auch wir tun das Unsrige zu dem bevorstehenden Platzproblem, indem wir auf unseren Erziehertisch (Schreibtisch) im Zimmer verzichten. Außer dem Platzproblem beunruhigen uns aber leider noch andere Gedanken, die mit dem Experiment zusammenhängen.
Wird es je wieder ein Freispiel geben, so kreativ, mit uneingeschränktem Höhlenbau, mit immer wieder neuen Einfällen, mit selbst organisierten Turnstunden usw.?
Werden wir mehr Konflikte haben als sonst, wenn es um den Platz auf der Matte geht?
Wie groß ist die Verletzungsgefahr?
Wird die ganze Gruppe nur noch toben wollen?
Wie lange wird es dauern, bis die Matte nicht mehr das Wichtigste ist?
Wie lange können wir diesen riesengroßen blauen „Fleck“ ertragen?
Da sie aus Plastik ist, wird sie auch eine dementsprechende Ausstrahlung haben!? Wie werden wir sie vertragen?
Wir quälen uns mit diesen Gedanken und kommen zu dem Entschluß, das Experiment zu wagen, denn wir versetzen uns in die Welt der Kinder mit ihren Wünschen und Träumen. Wir machen uns viel Mut und sind gespannt auf die Entwicklung des Versuches, der einen Monat dauern soll.

Um Verletzungen zu vermeiden, stellen wir Regeln auf, die wir gründlich mit den Kindern besprechen.

1. Man darf die Turnmatte nur ohne Hausschuhe betreten (hygienischer Grund).
2. Die Matte darf nur betreten werden, wenn ein Erwachsener Zeit hat zuzuschauen.
3. Auf der Matte darf keine Brotzeit gemacht werden.
4. Auf der Matte darf man weder malen, schneiden, kleben noch sonstige Spiele spielen.
5. Natürlich darf man auf der Matte niemand umwerfen oder schubsen.
6. Nach Möglichkeit sollen nicht mehr als zehn Kinder zur gleichen Zeit auf die Matte.
7. Nur organisierte Ringkämpfe sind erlaubt.

Die Matte kommt, und alle Kinder sind mehr als nur aufgeregt. Da wir die Regeln für sehr wichtig halten, müssen sie die Kinder über sich ergehen lassen, bevor sie sich mit Hallo auf die Matte stürzen. Nachdem sie sich die Hausschuhe ausgezogen haben, kann es keiner mehr aushalten, mit lautem Gejohle auf die blaue Insel zu springen. Zwei Seiten werden von drei Erwachsenen noch etwas ängstlich „bewacht“!
22 Kinder vergnügen sich für 15 Minuten auf der Matte.
Schließlich wird es ein paar Kindern zu wild auf der Matte, und sie spielen wieder woanders.
Der Mattenversuch war ein Erfolg: Unsere Be-

fürchtungen waren unbegründet, das Freispiel wurde durch die Matte nicht beeinträchtigt. Die Kinder wurden sicher in ihren Bewegungen und Übungen auf der Matte. Die Matte stand ein halbes Jahr im Raum, dann brauchten wir den Platz für das Sommerfest.

Erster Werkstattversuch

Handwerker sind im Haus, und die Kinder entdecken Ytongsteine im Hof. Mit großer Begeisterung und Ausdauer arbeiten sie an diesem Material. Sie können sich nicht mehr davon trennen und wollen auch im Zimmer weiterarbeiten. Ein Besuch bei den Steinmetzen in der Akademie der Bildenden Künste vermittelt ihnen nur teilweise die Einsicht, daß man für dieses Material viel Platz braucht und es einige Spuren hinterläßt.
Die Kinder wünschen sich eine Werkstatt im Gruppenraum und verzichten auf die heißgeliebte Matte. Wir gehen auf den Wunsch ein, den Platz, den die Matte eingenommen hat, für eine „Werkstatt" einzutauschen. Wir richten also eine Ecke mit viel Material ein (Papprollen, Kartons, Wolle, Holzreste, Korken, Tapetenbücher, Stoffreste, Scheren, Klebstoff, Tesa-Krepp, Kleister und die Ytongsteine, Unterlagen). Die Kinder sammeln selbst weiteres Material. Es gibt eigene Werkstattkittel (T-Shirt, mit einer Perle bestickt) und die Verpflichtung, die Werkstatt ordentlich zu hinterlassen. Wir stellen fest, daß die Kinder vor allem mit den Ytongsteinen arbeiten wollen und daß sich mit dem Aufräumen trotz Unterlagen und aller Organisationen große Schwierigkeiten ergeben. Es entstehen Pfützen, da die Kinder auch Wasser und Moltofill verwenden, und viel Staub. Die Kinder sehen es nicht ganz ein, aber sie geben unserem späteren Wunsch nach, mit den Steinen im Garten zu arbeiten. Nun wird aus der Werkstattecke nach langer Pause wieder eine Puppenecke. Die Kinder sind begeistert und ziehen sich mit Freude in die beliebte Ecke zurück.

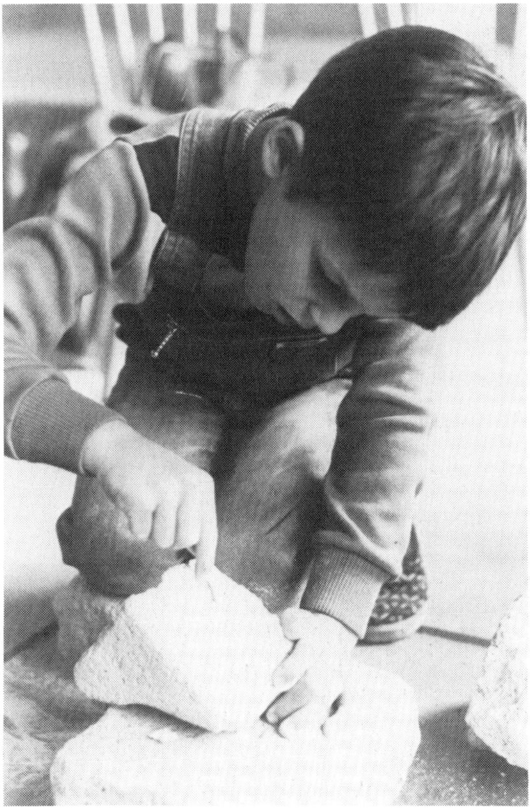

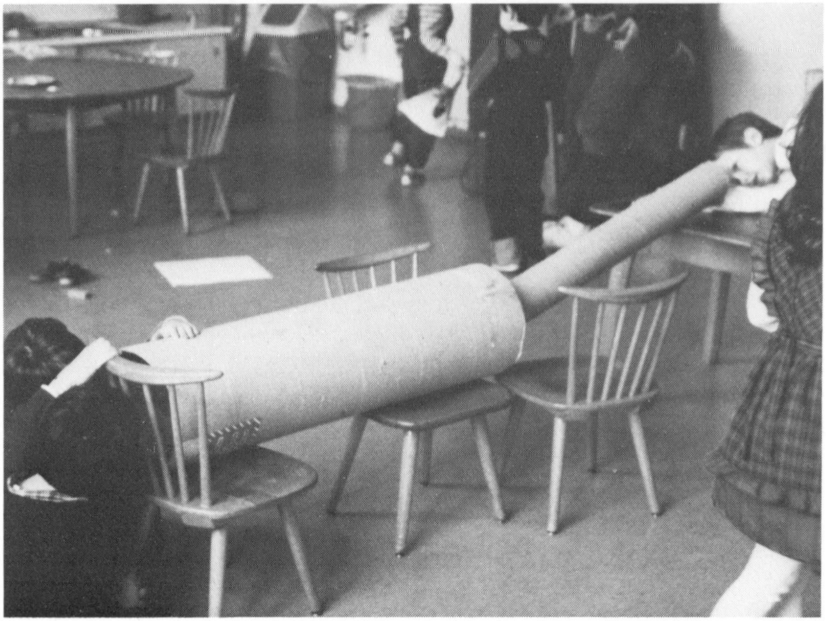

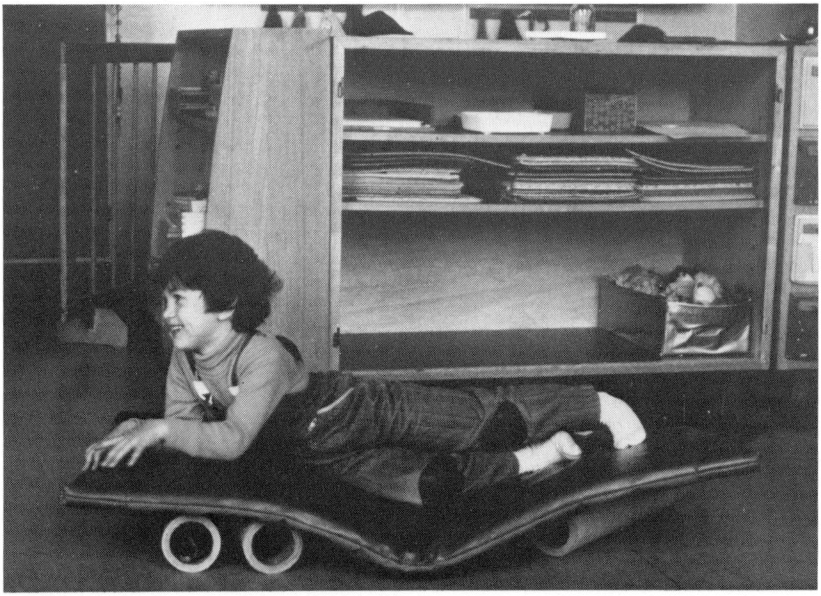

3. Szenen

Die aktive Beobachtung

„Fräulein, die Buben greifen mich an!“

Das Freispiel hat seit 15 Minuten begonnen, und es läuft sehr harmonisch. Ich bin alleine im Gruppenraum, etwas „gelangweilt“, weil „nichts passiert“, fühle mich überflüssig, ein wenig unruhig, weil ich eigentlich so viel zu tun hätte. Die Kinder spielen ruhig und ausgeglichen. Anstatt nur herumzusitzen, entscheide ich mich für eine „nützliche“ Arbeit. Arbeit gibt es genug: die eine oder andere Schublade ordnen, Bleistifte spitzen, über die staubigen Fensterbretter wischen, Malpapier zuschneiden usw.
Ich entschließe mich, die Kinderzeichnungen zu sortieren. Die Arbeit geschieht mechanisch, so daß ich beruhigt und fast konzentriert nebenbei die Kindergruppe im Auge habe. Mit der Zeit interessieren sich allerdings mehrere Kinder für das, was ich tue, und wollen ihre Zeichenmappen ansehen und ähnliches. Das wäre kein Problem, wenn eine zweite Kollegin im Raum wäre. Ich vertröste die Kinder auf später oder morgen; etwas enttäuscht lassen sie mich meine Arbeit zu Ende bringen, mir zuliebe. Ich habe ein schlechtes Gewissen, denn ich sollte auf sie eingehen, aber das würde bedeuten, den Rest der Kindergruppe nicht mehr genügend im Auge zu haben, und vor allem, meine halbfertige Arbeit aufzugeben!

Inzwischen ist die Kindergruppe fast vollständig anwesend, und ich werde immer mehr von meiner „Routinearbeit“ abgelenkt. Ulrike, 6 Jahre, ein sehr selbständiges, unkompliziertes Mädchen, kommt bescheiden an meinen Tisch und beklagt sich: „Die Buben greifen mich an und ärgern mich, und ich habe ihnen nichts getan!“ Ich höre zwar akustisch ihre Beschwerde, dennoch habe ich sie nicht direkt wahrgenommen. Ich bin mit meinen Gedanken bei der Arbeit, noch ein paar Handgriffe, und ich habe es geschafft! Ulrike scheint mir trotz ihrer Klage noch sehr gelassen und ruhig zu sein. Ich mache mir also keine Sorgen und gebe ihr einen „Ratschlag“: „Du wirst sicher mit den Buben ohne mich fertig, versuch es!“ (Ich wußte zu diesem Zeitpunkt allerdings auch noch nicht, daß es sieben waren.) Sie dreht sich um und geht. Anscheinend ist sie zufrieden, aber ich fühle mich gar nicht wohl. (Ulrike beklagt sich selten, fast nie.) Meine Reaktion ist blind und wehrt ängstlich die Disharmonie und meine Hilflosigkeit ab; mein Wunschdenken klammert sich daran, daß alles (zumindest vordergründig) eher undramatisch und unauffällig scheint.
Wie sollte ich in dieser Situation der fehlenden inneren Anwesenheit anders reagieren? Ich könnte Ulrike tröstend umarmen und ihr den Rat geben, sich von den Buben zu entfernen.

Damit ginge sie dem Konflikt aus dem Weg; außerdem würden sie die Buben vielleicht weiter ärgern und necken. Ich könnte ihr raten, sich zu wehren und sich nichts gefallen zu lassen. So schlau ist sie alleine vermutlich auch, und vielleicht würde sie damit auch nicht weit kommen. Nachdem Ulrike kein streitsüchtiges Kind ist, könnte ich mich auf ihre Seite stellen und die Buben zurechtweisen oder ihnen vielleicht sogar „etwas Gescheites“ zum Spielen geben. Abgesehen davon, daß wir damit so etwas wie „Petzen“ scheinbar ermutigen, fühlen sich die Buben eventuell ungerecht behandelt, oder wir haben zumindest so etwas wie „böse“ Kinder in der Gruppe. Dem theoretisch sicher besten Weg, der Sache durch Befragen aller Beteiligten auf den Grund zu gehen, gebe ich praktisch keine Chance mehr: Langjährige Erfahrungen haben mich gelehrt, daß dies in sogenannten einfachen Fällen schon in Zerreden ausarten kann und bei mehr als drei (geschweige denn acht) Kontrahenten aussichtslos ist.

Ich habe mir die Situation entgleiten lassen und kann deswegen nur re-agieren. Wäre ich *nur* Beobachterin gewesen, hätte ich den Anfang des Konfliktes erlebt und würde wissen, wie es dazu gekommen ist. Die Kinder könnten sich aus ihrer Sicht dazu äußern, und ich könnte das Meinige als Beobachter dazutun.

Heute dagegen kann ich wenig helfen, denn ich möchte meine Arbeit beenden, und es wird auch einmal ohne mich gehen. Im Hintergrund höre ich zwar kleinere Auseinandersetzungen, aber kein beängstigendes Geschrei. Die Kinder sind alle beschäftigt. Ich habe ein unangenehmes Gefühl, denn ich habe keine Beziehung zum heutigen Spiel der Kinder.

Meine Kollegin kommt, und ich berichte ihr lässig: „Keine besonderen Vorkommnisse! Oder doch: Ich war heute ‚fleißig‘, habe mich nützlich gemacht und die Zeichnungen sortiert.“

Am nächsten Tag bittet mich Ulrikes Mutter um ein kurzes Gespräch. Sie ist ausgeglichen, freundlich und so verständnisvoll wie ihre Tochter; es ist mir immer ein Vergnügen, mich mit ihr zu unterhalten. Ohne Vorwurf und Aggression berichtet sie mir Ulrikes Erlebnis. Es ist ihr fast peinlich, darüber zu sprechen, denn Ulrike fühlt sich in unserem Kindergarten sehr wohl, und eigentlich geht es ihr heute schon wieder gut. Gestern kam sie sehr enttäuscht nach Hause und beklagte sich, daß sie von Buben angegriffen wurde, die hätten ihr Stühle weggenommen und sie furchtbar geärgert. Sie hatte sich auch beschwert, aber man hat ihr nicht geholfen. Sie konnte sich auch nicht wehren, denn es waren sieben Buben; sogar „Schulkinder“ (Kinder, die nächstes Jahr in die Schule kommen) waren dabei!

Es war mir peinlich, denn ich konnte mich an Ulrikes Beschwerde erinnern, aber ich konnte außer meinem „tollen“ Ratschlag, den ich ihr am Vortag gab, nichts zur Situation selber sagen. Ulrike fühlte sich sehr alleine gelassen, und da sie selten Hilfe braucht, war für sie dieses Erlebnis besonders eindrucksvoll.

Natürlich geht deshalb die Welt nicht unter, aber wieviel ähnliche Situationen ergeben sich wohl täglich während des Freispiels, von denen wir nichts erfahren, weil wir nicht Beobachter sind, sondern „fleißig“ sein wollen und etwas „Nützliches“ tun. Außerdem äußern sich viele Eltern aus verschiedenen Gründen gar nicht; denn wenn kein Kratzer entstanden ist, ist normalerweise auch nichts passiert.

Diese Geschichte zeigte uns noch einmal deutlich, daß unsere Beobachtung im Freispiel kein Luxus ist, sondern pure Notwendigkeit, um angemessen helfend eingreifen zu können, wenn es notwendig ist. Es ist schade, daß Tätigkeiten wie Beobachten und Zuhören so geringgeschätzt werden, bloß weil sich dabei nichts rührt (wenn jemand den ganzen Tag redet, ist das schon anders, mag er noch soviel Unnützes reden, ganz zu schweigen von emsiger manueller Tätigkeit, auch wenn diese ohne Sinn und Zweck als reine Beschäftigung erfolgt, um ja nicht nachdenken zu müssen).

Wie beim aktiven Zuhören ist das aktive Beobachten eine Tätigkeit starken inneren Engagements (und dementsprechend erschöpft ist man hinterher, obwohl man scheinbar nichts getan hat). Sie erfordert wie aktives Zuhören Einfühlungsvermögen, denn es genügt nicht, daß man nur zuschaut, man muß auch verstehen; vor allem Prozesse und Entwicklungen verstehen, Zusammenhänge erkennen, sich in ein Kind hineinversetzen können, damit man spürt, was dieses Erlebnis für dieses Kind in seinem gegenwärtigen Entwicklungsstand bedeuten könnte. Bloßes Zusehen mag vielleicht noch besser sein, als überhaupt nichts mitzubekommen; man kann sich dann immerhin eventuell entsinnen, wann es losgegangen ist; aber das sind nur sehr äußere Phänomene, die mit den inneren Vorfällen möglicherweise, aber nicht unbedingt, etwas zu tun haben.

Aktives Beobachten ist allerdings auch kein diagnostischer Scharfblick, der abhakt, was dieses Kind alles nicht kann; der kalt konstatiert, daß es aggressiv ist, unsozial alleine spielt, abgelehnt wird (ohne daß man erkennt, daß eine Gruppe in einem bestimmten Stadium kein neues Kind mehr verträgt) usw. Auch hier fehlt Einfühlungsvermögen. Das Kind wird unter dem Blickwinkel der Leistungserbringung wie eine Schlachtkuh abtaxiert. Dieser Blick ist eine Wertung, ein Urteil, meist eine Verurteilung. Wir haben erkannt, daß wir um so mehr positive Entwicklungen feststellen, je weniger wir an die Kinder innere und besonders äußere Erwartungen stellen und je intensiver und lockerer wir beobachten. Ruhige, „problemlose“ Kinder werden gern weniger beobachtet, weil man mehr auf die „Störenfriede“, die wilden Katzen schaut; deshalb haben wir uns die Beachtung ruhiger Kinder besonders vorgenommen.

Joyce beobachtet mit, was bringt das?

Es treten Zweifel bei mir auf: Wie fühlen sich die Kinder, wenn sie wissen, daß sie beobachtet werden? Fühlen sie sich unterdrückt, oder gibt es ihnen Vertrauen?

Joyce sitzt auf meinem Schoß; meine Gedanken und Augen sind aber nicht bei ihr, sondern bei den anderen Kindern, die sich im Raum befinden. Zwischen Nima und Milijana gibt es einen Konflikt. Weil beide Hilfe bei mir suchen, versuche ich durch Verständnisfragen Klärung zu schaffen. Es gelingt mir nicht, denn keiner der Konfliktpartner will reden, und ich habe die Entstehung des Konfliktes nicht gesehen. Joyce nimmt meine Unsicherheit wahr und sagt lächelnd: „Ich weiß schon, warum die sich streiten! Ich hab's gesehen, wie es angefangen hat!“ Und sie erzählt, wie beide das gleiche Spielzeug haben wollten und keiner mit dem anderen geredet hat. Nima und Milijana fühlen sich ertappt, gehen zwei Schritte weiter und setzen sich auf den Boden. Dort geht der

Machtkampf um das Spielzeug weiter, und Joyce kommentiert halblaut: „Der Nima möchte es haben, aber die Milijana gibt es nicht her, die streiten sich immer noch weiter!“ Nima steht auf und geht, Milijana bleibt noch etwas finster schauend zurück. Joyce macht mich aufmerksam, weil ich nur mit einem Auge bei den beiden war: „Schau, jetzt hat sie alles für sich alleine und ist immer noch nicht froh, weil sie so grantig schaut!“ Milijana wird von Olivera gerufen, steht auf und läßt das begehrte Spielzeug (Stecksteine) liegen. Joyce: „So was, jetzt läßt sie alles liegen und will's gar nicht mehr haben!“ Sie gleitet von meinem Schoß und geht zu den anderen Kindern.

„Streicheln darf man nicht beim Löwen, da wird er nervös!“

Es ist 8.15 Uhr, und ich weiß, daß ich heute das Freispiel so bald wie möglich beenden werde. Wir haben auf Wunsch der Kinder eine Dia-Serie zusammengestellt und schon seit zwei Tagen versprochen, sie mit ihnen anzuschauen. Außerdem ist das Wetter wunderschön, es ist warm, die Sonne scheint, und wir wollen die letzten schönen Herbsttage ausnützen!

Jasmin (4 J.) hat gerade mit ihren Freundinnen ein Bauwerk, das aus zehn Stühlen besteht, vor dem großen Schrank konstruiert. Leider muß ich das Spiel dieser Gruppe unterbrechen und sie bitten, mir einen Zugang zu diesem Schrank zu ermöglichen. Jasmin ist sofort bereit; indem sie für einen Moment zwei Stühle verrückt, komme ich an mein Ziel. Als ich zwei Minuten später wieder an diesen Schrank muß, ist Jasmin zwar höflich, aber sie zieht es trotzdem vor, nach kurzer Absprache mit ihren Freundinnen in die Werkstattecke umzuziehen.
Um dort gleich alles abzusichern, bauen sie mit ihren Stühlen eine Sperre. „Da machen wir jetzt eine Höhle!“ Der Platz in der Werkstattecke ist gesichert, aber die Tische, die Jasmin mit ihrer Gesellschaft braucht, befinden sich außerhalb der Absperrung. Die „Architekten“ stehen etwas ratlos herum. Natürlich könnte ich ihnen bei diesem Problem leicht helfen! Es fällt mir schwer, aber ich halte mich zurück. Sie stecken die Köpfe zusammen, kichern ein wenig und sind anscheinend nochmals bereit, umzuziehen. Es tut mir leid, daß sie den Plan, eine Höhle zu bauen, aufgegeben haben, aber ich biete meine Hilfe trotzdem nicht an. Die Gruppe wirkt weder verzweifelt noch unschlüssig. Sie entdecken das Holzgitter. Begeistert und wild entschlossen ziehen sie mit ihren Stühlen und dem Holzgitter zum Waschbecken um, dem Lieblingsplatz von Jasmin.
Nach dem Umzug sitzen alle fünf Kinder in einer Reihe auf ihren Stühlen. Jasmin sitzt vor ihnen, zappelt, gestikuliert, lacht und spricht laut. Das Publikum amüsiert sich und bleibt folgsam sitzen. Durch die Absperrung des Holzgitters fühlt sich Jasmin ungestört und gibt erfolgreich und mit großer Genugtuung ihre Vorstellung!
Dragan und Alex G. (beide 5 J.) beobachten interessiert das Spiel der Kleinen und finden es wohl wünschenswert, dabeizusein. Anscheinend sind sie unsicher, denn anstatt die Gruppe zu fragen, ob sie mitspielen dürfen, holen sie sich zwei Turnmatten und bringen sie sozusagen als „Werbegeschenk“ zum Einstieg in die Gruppe mit. Sie haben Erfolg und werden mit Lachen und Faxen empfangen.

Ganz von selbst entwickelt sich eine „Turnstunde". Kinder balancieren, steigen, kriechen, springen, setzen das Bauelement der Wippe ein und nützen den abgesperrten Raum voll aus. Automatisch werden unausgesprochene Regeln eingehalten: einordnen in die Reihe, kein Geschubse auf den Stühlen, Rücksichtnahme auf die Dreijährigen und warten, bis man drankommt. Diszipliniert, aber sehr locker und heiter bewegt sich die selbstorganisierte Gruppe.

Tomi (5 J.) kann Absagen kaum ertragen, deshalb findet er oft den Zugang zu einer Gruppe, indem er sich als ein Tier anbietet. In der Tierrolle fühlt er sich vielleicht weniger verletzbar. Außerdem hat er als Tier mehrere Möglichkeiten, den Kontakt aufzunehmen. Er kann sich sehr klein oder besonders hilflos darstellen, dann hat keiner vor ihm Angst.

Heute kommt Tomi als Löwe angeschlichen; erst leise, dann immer lauter brüllend, macht er auf sich aufmerksam: „Streicheln darf man nicht beim Löwen, da wird er nervös!" Jetzt haben es endlich alle begriffen; Dragan und Alexander springen in die Höhe und rufen begeistert: „Ich bin auch ein Löwe, ui, ich auch, ich auch!"

Dominik (gerade 5 J.) hat alles beobachtet und fragt etwas schüchtern: „Und was soll ich sein?" Er bekommt eine sehr abweisende Antwort, kurz und ohne Erklärung: „Gar nichts!" Ich bin überrascht, innerlich erbost und traurig zugleich. Hoffentlich gibt er es nicht auf, in diese Gruppe zu kommen. Würde ich nicht beobachten, wüßte ich nichts von seinem Mißerfolg, denn er kommt nicht, um sich bei mir zu beklagen. Jetzt könnte ich ein klärendes Wort mit der Gruppe sprechen, und sie würden ihn wahrscheinlich mitspielen lassen! Ich tue es nicht, denn ich nehme Dominik eine Lernmöglichkeit der Kontaktaufnahme und der Durchsetzung. Meine „Vermittlung" könnte ihm auch unangenehm sein!

Die Gruppe teilt sich von selbst in „Zuschauer" (Drei- bis Vierjährige), die auf den Stühlen sitzen, und Löwen (Tomi, Dragan, Alex G.), die auf der Turnmatte agieren. Die Löwen schleichen, kriechen und springen im Kreis auf der Matte herum, dabei brüllen sie abwechselnd, mal leise, mal laut, das Publikum an. Sie denken sich immer wieder neue Kunststücke aus. Das Publikum langweilt sich keineswegs, im Gegenteil, es steigert sich durch das lebendige Spiel in die Gefahr hinein, von den Löwen angegriffen zu werden. Es setzt sich, ohne es zu merken, eine Stufe höher auf den Rand des Kinderwaschbeckens.

Plötzlich fällt Dragan ein, daß er einen großen Stuhl braucht. Er verschwindet ins Büro. Alex sorgt, nachdem Tomi auch kurz die Arena verlassen hat, allein für die Vorstellung. Geheimnisvoll kündigt er an: „Jetzt sollt ihr staunen!" Er holt seinen selbstgebastelten Drachen und läßt ihn sanft vor den Gesichtern der Zuschauer hin und her flattern. Es ist Stille und Staunen unter ihnen, eine Seifenblasenszene fast im Stil des Zirkus Roncalli.

Dragan erscheint mit einem großen Stuhl an der Türe und wirft mir einen fragenden Blick zu: „Nein, leider kannst du diesen Stuhl nicht zum Spielen verwenden, denn er hat Eisenkanten und kippt leicht!" Ich rate ihm, in der Küche nach einem Holzstuhl zu sehen. Jetzt ist alles gespannt und wartet auf Dragans Rückkehr. Kurz darauf kündigt er freudig singend seine Entdeckung an: „In der Küche gibt's alles, in

der Küche gibt es wirklich alles!" Tomi und Alex holen sich auch große Stühle und stellen sie vor das Publikum, um darauf neue Kunststücke zu zeigen.
Dominik hat sich seit seinem Mißerfolg alleine mit Kartons beschäftigt, aber das „Löwenspiel" nie aus den Augen gelassen. Ich konnte beobachten, daß er öfters vor dem Holzgitter stand, die Schultern hochgezogen, mit fast ängstlichen Blicken das Spiel verfolgte, jedoch keinen Ansatz machte, Kontakt aufzunehmen. Die Löwen und das Publikum sind zur Zeit sehr ruhig, und die Szene wirkt ungefährlich und harmlos. Dominik nützt den Augenblick aus. Daran wird mir auch klar, wie gut er über das Spiel der Gruppe informiert ist, denn er hat auf den günstigsten Zeitpunkt gewartet. Er nimmt einen großen leeren Karton und bietet den Löwen entschlossen seine Idee an: „Duu, da ist Fleisch, wollt ihr es haben?" Mit einem überraschenden Satz springen die drei Löwen, laut brüllend, auf den Karton: „Ja, ja, ja!" Dominik erschrickt und nimmt den Karton zu sich. In Panik geraten, schreit er: „Geht auf eure Plätze!" Erstaunlicherweise folgen die Löwen und setzen sich auf die großen Stühle. Dominik ist es unheimlich geworden; am liebsten würde er sich ganz zurückziehen, aber mutig wirft er den Löwen aus einiger Entfernung das „Fleisch" zu. Sie schnappen es aus der Luft mit wildem, gierigem Gefauche. Es ist eine vollendete Pantomime, denn es war nichts im Karton, und es gab nichts zum „Schnappen"! Die Zuschauer leben wieder besonders intensiv mit und sind ganz bei der Sache. Ich auch! Nur mit einem halben Ohr höre ich den Rest der Gruppe, aber ich bin erleichtert, denn meine Kollegin ist anwesend!
Die Löwen sind satt! Dominik fühlt sich wichtig, aber ich habe das Gefühl, daß er die interessante Rolle des Löwenwärters erst verdauen muß. Er zieht sich mit seinem Karton in die andere Ecke des Raumes zurück und beobachtet aus der Ferne.
Ich bin etwas in Sorge, denn eigentlich hat Jasmin mit ihren Freundinnen ein Spiel begonnen und ist seit langem nur Zuschauer und selbst nicht aktiv! Fast habe ich ein schlechtes Gewissen, weil sich die drei Fünfjährigen in das Spiel gemischt haben und schon sehr lange im Mittelpunkt stehen. Ich bin erleichtert, daß jetzt Dragan und Alex ihre Brotzeit machen. Vielleicht hat das „Fleischfressen" den Hunger ausgelöst? Mich wundert es nur, daß sie die Pause am Tisch sitzend einnehmen und nicht in der Löwenrolle bleiben! Allerdings fällt mir auf, wie erschöpft und gelassen sie das verlassene Feld beobachten und ihre Pause genießen.
Tomi sorgt diesmal für das Publikum. Er hält eine Eierschachtel in seiner „Pfote", streckt sie den Zuschauern entgegen und fragt liebenswürdig: „Wer will Eierschachteln?" Sie strecken ihre Hände entgegen, um das „Geschenk" anzunehmen. Der zahme Löwe beschenkt alle Zuschauer und läßt sich gerne von ihnen streicheln. Sein leises Schnurren und sein sehnsüchtiger Blick fordern die Liebkosungen der Anwesenden geradezu heraus. Es ist sehr ruhig und die Atmosphäre unwahrscheinlich gefühlvoll und zärtlich.
Erstaunt stelle ich fest, daß es schon 9.30 Uhr ist. Höchste Zeit, das Freispiel zu beenden! Im selben Moment kommt Dominik, um erneut Kontakt mit den Löwen aufzunehmen. Diese Chance muß ich ihm noch lassen! Er bringt den Korb mit den Schmuseschlaftieren und kündigt

wieder Essen an: „Das da sind Süßigkeiten, ihr könnt haben, soviel ihr wollt!“ Mit großer Lust werden die Schmusetiere eines nach dem anderen verspeist. Dragan und Alex sind auch wieder dabei. Es entsteht ein Konflikt, denn Tomi darf nicht aus dem „Süßigkeitenkorb“ fressen. Sie reden miteinander, und ich hoffe, mich nicht einmischen zu müssen. Dragan beschwert sich: „Du hast uns vorher keine Eierschachteln gegeben!“ Obwohl ich meine, alles gesehen zu haben, weiß ich nicht Bescheid, habe etwas verpaßt, kann also gar nicht mitreden! Tomi zieht seinen Kopf ein und ist beleidigt. Nebenbei fallen ein paar Sprüche: „Eier, Eier, der Korb legt keine Eier! Herr Maier, Herr Maier, der Hahn legt keine Eier!“ Lachen und Kichern.

Dragan sitzt gemütlich in dem leergefressenen „Süßigkeitenkorb“ und verlangt nach seinen Filzstiften. Mein bestimmtes, aber freundliches „Nein“ läßt ihn seinen Plan, im Korb zu malen, aufgeben. Er will auch keine Erklärung für mein „Nein“, denn er verläßt lachend sein Nest, erlaubt jetzt großzügig, daß Tomi die „Süßigkeiten“ fressen darf, und setzt sich auf den Boden, um sich eine Malmöglichkeit zu schaffen. Er sitzt zwar außerhalb der Absperrung, entfernt sich aber nicht bis zu einem Tisch, denn er will nichts versäumen. (Davon abgesehen, malt er oft auf dem Boden liegend.) Alex

schließt sich Dragan an, und beide malen Labyrinthe.
Der „Ring" ist wieder frei, alles hat sich beruhigt. Die Zuschauer warten, organisieren nichts und sitzen insgesamt schon über eine Stunde (Drei- bis Vierjährige). Nina singt spontan: „Geburtstag ist heute, oh, Geburtstag ist heute, ja, ja, ja!" Sebastian (3 J.) erhebt sich und macht Ordnung, wirft alle herumliegenden Eierschachteln in die Mitte und bildet einen Berg. Jasmin schreit nach den Löwen. Ich bin überrascht, daß sie die Situation nicht ausnützt, um selbst aktiv zu werden. Mein schlechtes Gewissen, das ich hatte, weil die Buben das Spiel organisierten und die Kleinen *nur* Zuschauer sein durften, hat sich beruhigt.
Auf das energische Rufen von Jasmin kommt eine scherzende, halb drohende Antwort: „Wenn ihr so schreit, kommen wir nie wieder!" Jasmins Rufen wird etwas jämmerlicher, und es tut auch seine Wirkung. Obwohl Dragan und Alex weitermalen wollen, höre ich sie zueinander sagen: „Na gut, dann gehen wir eben, malen wir später weiter, komm, die schreien so." Als Löwen kehren sie etwas ungeduldig zurück, trotzdem innerlich stolz, so begehrt zu sein. Sie werden von den Zuschauern dankbar gestreichelt, dann folgt ein freudiges Lachen und liebevolles Necken. Ich habe das Gefühl, daß das Spiel dem Ende zugeht; außer halblautem Löwengebrüll und müdem Knurren fällt mir nichts mehr auf. Also können wir jetzt aufräumen, ohne die Kinder zu enttäuschen!
Ich habe Dominik vergessen, der einen siebten Sinn hat und sich immer dann bemerkbar macht, wenn ich aufräumen will: „Na, wie hat's euch geschmeckt, war das Fressen gut?" Die Löwen gehen tatsächlich auf die Frage ein, nicken deutlich mit dem Kopf und springen Dominik entgegen. Voll Entsetzen ruft er: „Oh, die Löwen sind ausgebrochen!" Vielleicht will er sie wieder loswerden, denn er sucht das Weite. Ich möchte ihn ermutigen, keine Angst zu haben, ihm erklären, daß alles nur ein Spiel ist, aber es ist wohl klar, daß dies nicht möglich ist!
Dominik hat es alleine geschafft, sich aus seiner für ihn unsicheren Situation zu retten. Die Löwen sitzen nämlich wieder am Pausetisch und essen.
Der „Ring" ist wieder leer, die Zuschauer werden kurz gestört, weil sich einige Kinder Pauseteller aus dem Schränkchen holen, auf dem sie sitzen.
Gerade jetzt ist der Moment gekommen, ein Machtwort zu sprechen, ich meine, das gemeinsame Aufräumen anzukündigen. Ich erschrecke; denn es ist bereits 10.20 Uhr, und die Sonne scheint immer noch!
Ich hole tief Luft, mache mir Mut (ich brauche jeden Tag Mut, um das Spiel der Kinder zu beenden!), da springt Sebastian (3 J.) von seinem Zuschauerplatz herunter, um in Windeseile die herumliegenden Teppichfliesen zu sammeln und sie in die Arena zu schleppen. Der sonst sehr zurückhaltende und noch etwas schüchterne, eher beobachtende Sebastian (er ist erst 14 Tage im Kindergarten) fordert das Publikum auf: „Jetzt habe ich Teppiche geholt!" Die Reaktion ist verblüffend, alle springen jetzt von ihren Plätzen und stürzen sich wie echte Löwen in die Mitte. Sie brüllen laut, werfen die Köpfe nach hinten, schleichen im Kreise herum, knurren und fauchen wild. Wie soll ich es fertigbringen, da Aufräumen anzukündigen? Gerade jetzt, wo die Zuschauer aktiv geworden sind? Sie sind fast 1½ Stunden gesessen, und jetzt

kommt es mir vor, als würden sie alles eben Erlebte im eigenen Spiel verarbeiten. Es wird sehr laut; würde ich das Spiel nicht beobachten, könnte ich diese Unruhe und Lautstärke nicht ertragen.
So dagegen empfinde ich mit Begeisterung die Intensität und die Lust der Kinder! Ich freue mich sehr, daß die Zuschauer endlich zum Zuge kommen. Obwohl das eigentlich unsinnig ist, denn das Zuschauen war ihnen ein wirkliches Vergnügen, und innerlich waren sie sehr aktiv.
Sie beruhigen sich wieder, sitzen im „Freßkorb", teilen Eierschachteln aus, sammeln sie wieder ein, machen Sprünge, lassen sich streicheln, und es ist ihnen gar nicht bewußt, daß sie kein Publikum haben.
Dominik nähert sich wieder. Die Hände in den Hosentaschen, den Bauch herausgestreckt, um zu zeigen, wie stark er ist, und zur Gruppe seitlich stehend, brüllt er sie an: „Erschrecken könnt ihr mich nicht!" Die Löwen brüllen weiter. Dominik gibt nicht auf, erregt schreit er sie weiter an: „Ihr könnt mich nicht erschrecken, der Kindergarten ist für jeden da, nicht nur für euch!"
Kathi (3½ J.) fühlt Dominiks Schmerz und Angst; sie geht ganz nahe zu ihm hin und sagt leise: „Ich bin ein lieber Löwe, du kannst mich streicheln!" Dominik hat immer noch Angst und wehrt Kathis Hilfe ab: „Ja, ja, ist schon recht! Außerdem hole ich meinen großen, starken Bruder aus der Schule!" Die jungen Löwen lassen sich nicht beeindrucken und brüllen lustvoll weiter. Dominik überlegt. Nach einer Weile versucht er sein Glück nochmals: „Ui, ich hab's, wollt ihr Zirkus spielen, und ich bin der Direktor?" Die Löwen und Tiger nicken mit dem Kopf, aber Sebastian brüllt so überzeugend echt und laut, daß Dominik, der zukünftige Direktor, ihn ängstlich abwehrt und beinahe schlägt: „Du darfst mich nicht angreifen", entschuldigt er sich in seiner Not. Für einen Moment verläßt er den Kreis, beruhigt sich schnell wieder und kommt mit einem neuen Vorschlag zurück: „Kommt, ich gehe mit euch spazieren!" Die Tiere sind einverstanden. Aus Sicherheitsgründen kündigt Dominik sein Vorhaben laut und deutlich an: „Also, ich komme jetzt zu euch herein!" Da das Knurren und Fauchen wieder zunimmt, zieht Dominik es vor, Material aus der anderen Ecke des Raumes zu beschaffen. Inzwischen spielen Löwen mit den herumliegenden Eierschachteln. Sebastian trifft eine Eierschachtel am Kopf. Es tut ihm nicht weh, aber er ist erschrocken. Um den vermeintlichen Gegner zu beruhigen, verspricht er: „Wenn du lieb bist, bringe ich etwas mit!" Dieses Versprechen hilft nicht viel, im Gegenteil: Der „Angreifer" fühlt sich aufgefordert und wirft ihm nochmals, aber sehr vorsichtig, eine Eierschachtel entgegen. Da wird Sebastian unheimlich energisch und befiehlt laut: „Sei lieb!" Und noch eine Oktave höher wiederholt er mit äußerstem Nachdruck: „Sei lieb!" Zur gleichen Zeit taucht Dominik auf und will die für ihn wieder so gefährliche Situation retten: „Halt, halt, keinen Streit!" Die Löwen sind „lieb", necken sich nur noch. Dominik beobachtet intensiv, und dabei bleibt es auch! Wie soll ich ihm klarmachen, daß er auch mitmachen könnte, weil alles nur ein Spiel ist und ihm nichts passieren kann? Ich kann es ihm nicht beweisen, denn für ihn ist das Spiel Realität; er muß damit fertig werden, muß seine Erfahrungen machen und immer wieder neue Versuche starten!

Es ist 10.50 Uhr: Jetzt gibt es keinen Aufschub mehr, es wird aufgeräumt. Obwohl es mich interessierte, was sich aus dem „Eierschachtelspiel“ noch entwickeln würde, denn nichts wirkt aggressiv, die Kinder zeigen nur großen Spaß. Ich habe heute *nichts getan, nur beobachtet* – und bin erschöpft! Es war spannend und aufregend, und ich bin dankbar, daß uns niemand gestört hat.

Am nächsten Tag gab es wieder ein „Löwenspiel“: Dominik war selbst ein fast selbstbewußter und sehr ausdrucksvoller Löwe!

Auch für die Kinder ist Beobachten eine aktive und produktive Tätigkeit

Im Zimmer ist es dunkel, wir schauen uns die Dias aus unserem Kindergarten an. Auf dem Bild ist Alex beim Bauen zu sehen. Die Bauecke ist mit verschiedenen Gebäuden bebaut. „Es war so“, fängt Dragan seine aufregende Baugeschichte an ... Und dann erzählt er alles, was damals passiert ist, wer was gebaut hat und was die Kinder da gespielt haben. Es ist erstaunlich, wie er sich an kleinste Details erinnern kann. (Das Bild ist vor einem Jahr ge-

macht!) Unerwartet liefert er ein Protokoll; keiner hat ihn aufgefordert. Die Intensität der Gefühle macht deutlich, daß er das Ganze nochmals erlebt.

„Hast du da mitgespielt?“ fragt meine Kollegin. „Nein, ich habe zugeschaut“, antwortet Dragan, der darüber keineswegs unglücklich erscheint. Wir haben die Wichtigkeit des Zuschauens schon immer anerkannt; Dragans Geschichte hat uns bewiesen, daß Zuschauen sogar sehr intensive Erlebnisse und Erfahrungen schaffen kann.

Und noch etwas lernten wir: Ein paar Monate später möchten wir die Geschichte noch einmal hören und auf ein Tonband aufnehmen, um sie für dieses Buch zu verwenden. Erst zeigten wir einige andere Bilder. Als das berühmte Bauwerkbild dran ist, steht Dragan auf und sagt: „Das habe ich erklärt. Zeig mal weiter.“ Wir müssen uns damit zurechtfinden, daß es keine Wiederholungen gibt.

Erwartungshaltung bringt gar nichts!

Mit der Absicht, ein originelles Foto zu knipsen, stelle ich zwar unauffällig, aber doch sichtbar ein paar von den beliebten Papierrollen zur Verfügung. Tage vorher, als ich keinen Film in der Kamera hatte, vergnügten sich die Kinder besonders intensiv und lustvoll. Sie warfen die locker aufgerollten Papierstreifen wie Luftschlangen in die Höhe und riefen: „Es regnet, es schneit, oh, es ist, wie wenn man durch alte Blätter geht, oh, Feuer, Feuer, es sieht aus wie eine Wolke!“

Heute dagegen (ich bin alleine im Raum) sitzen die Kinder, jedes für sich in einem Winkel, und rollen mit großer Hingabe die Papierrollen auf, unterhalten sich nebenbei, lassen Angefangenes liegen oder verstreuen harmlos ein paar Papierstreifen. Ich sitze mit meinem Fotoapparat da und bin bereit, ein „tolles“ Bild zu schießen, aber die Kinder interessiert heute das angebotene Material gar nicht. Ich gebe es auf und setze mich mit ein paar Kindern an den Brotzeittisch, um etwas zu essen. Als ich den ersten Bissen im Mund habe, traue ich meinen

Augen nicht, denn schon sind drei Kinder bei den liegengelassenen Papieren und fangen an, darin zu wühlen, werden lebendiger, lachen, jauchzen, freuen sich, rollen eine Menge von Papierrollen auf, schwimmen in den Haufen, verstecken sich, necken sich und sind nicht mehr zu bremsen!

Natürlich unterbreche ich meine Brotzeit, um bei dem Geschehen zu sein und mein Foto zu machen.

Ideen

Dünne Papierstreifen (2 cm × 25 cm) liegen, zu Bündeln geheftet, auf dem Fensterbrett. Senad entdeckt sie und bündelt mehrere zu einem größeren Bündel zusammen. Er hält das Bündel auf den Kopf: „Ich sehe aus wie ein König!" Er hält es in der Hand: „Jetzt ist es eine Blume!" Er holt sich noch mehr Streifen dazu: „Jetzt ist es ein ganzer Strauß!" Er überlegt, dann erklärt er mir genau, wie man daraus ein Männchen machen kann. Mit der sehr genauen Beschreibung, die er mir gibt, hat er es in Gedanken schon hergestellt und durchlebt. Er legt sein Papierbündel wieder auf das Fensterbrett und folgt dem Rufen seiner Freunde.

Eine Idee wird bis zum Ende ausgeführt!

Senad spielt mit der Holzeisenbahn. Er findet den Magnet an den einzelnen Wagen interessant und macht seine Versuche: Was bleibt daran „kleben", was nicht? Er entdeckt während seiner Versuche ein etwas größeres Holzauto: „Da ist ein Loch, für was ist das?" Ich antworte ihm: „Da fehlt eine Ringschraube, damit man etwas daranhängen kann!" Aha; er überlegt kurz, dreht sich um und geht zu einem Regal, wo er etwas sucht. Er kommt wieder: „Ich brauche eine Wolle oder eine Schnur." „Wolle ist gestern in der Küche liegengeblieben, du kannst sie dort holen." Gerade möchte ich ihm raten, eine Schere mitzunehmen, aber Senad hat es eilig und ist schon im Gehen. Als könne er meine Gedanken hören, dreht er sich nochmals um und holt sich eine Schere aus dem Regal. Mit einem Stück Wolle verknüpft Senad beide Fahrzeuge. Er versucht, mit dem größeren Wagen den kleineren Zug zu ziehen, aber die Wollschlaufe, die er gemacht hat, rutscht ihm immer wieder von dem Auto ab. Er macht mehrere Versuche, die Schlaufe enger zu ziehen; es klappt nicht. Bis er sich ein Stück Tesa-Krepp holt und die Wolle so an den Fahrzeugen befestigt, daß sie sich gut ziehen lassen und nichts mehr rutscht!

Ein Streit wird zum Sprachspiel

Eine Gruppe von fünf Kindern steht in der Mitte des Zimmers. Sie können sich über den weiteren Verlauf des Spiels nicht einigen, und es bricht ein Streit aus. Dieser bleibt verbal, ist aber trotzdem kaum zu ertragen.

„Du bist ein Lutscher-König!" behauptet einer der Beteiligten, was eine Salve von Lachen auslöst. Der Streit geht damit in einen Spaß über. „Komplimente" werden nun ausgeteilt, die immer lustiger werden:
„Schneewittchenbanane, Holzkopf, Klapperente, Frosch mit nackerten Füßen, Affen in der Schule, Sahneente, Enten beim Ohrenwaschen und beim Einkaufen, Baum, der nicht reden kann, Schnatterentenwatschelfuß, Truthahn, Osterhase mit langem Ohr, Nilpferd, Kuh, die Milch verkauft", und viele andere, die man nicht so schnell aufschreiben kann, wie sie ausgesprochen sind.
Auch ausländische Kinder beteiligen sich: Wenn man in einer Sprache Witze und Wortspiele machen kann, beherrscht man sie.

Rundhöhle mit Speicher

Alex G. und Senad spazieren durchs Zimmer und schauen sich um. Eine Zeitlang beschäftigen sie sich mit Legosteinen, dann schauen sie bei anderen Kindern zu.
Ein Blick in die Puppenecke, und Senad wird hektisch – vermutlich hat er eine Idee. Er gestikuliert aufgeregt und schleppt Alex mit zu seinem Ziel. Kurz danach kommen sie mit dem hochgehobenen runden Tisch aus der Puppenecke heraus.
Zwei Matten sind schon da – sie sollen die Wände einer bis jetzt noch nie gebauten Höhle werden. Sie stehen aber nicht von selbst rund um den Tisch! Senad hat das Problem im Kopf schon gelöst. Er handelt so, als kenne er den Prozeß auswendig – keine Pause, um nachzudenken, ist erkennbar. Eine Schnur von der Länge, daß sie zweimal um die Matten reicht, wird abgeschnitten. Die Montage ist alles andere als einfach. Die „lebendigen", elastischen Mattenwände machen sich immer wieder gerade, wenn man sie nicht zum Rundstehen zwingt! Es wird geschwitzt, festgebunden, und da steht sie in voller Pracht, die Rundhöhle junger Architekten. Potentielle Bewohner schleichen sich schon herum.
Alex und Senad wollen selbst in das Gebäude einziehen, und das neugierige Publikum muß auf das Vergnügen verzichten. Die Höhle wird weiter geschmückt. Die Schnur wird mit Tesa-Krepp-Streifen befestigt, damit sie nicht nach oben rutscht. Weil die Matten höher sind als der Tisch, ergibt sich durch das Zudecken der Höhle ein Speicher, der mit Teppichfliesen ausgelegt wird. Die beiden Schöpfer können endlich aufatmen: Das Haus ist fertig. Da wohnen Alex, „ein Kind, das lieber auf dem Speicher schläft als im Haus", und sein geduldiger Vater, Senad!

Jawlensky und Dragan

Vor einem halben Jahr waren wir mit den Kindern in der Jawlensky-Ausstellung. Vor ein paar Tagen habe ich den Katalog unter die Bilderbücher geschmuggelt.
Während der Brotzeit fragt mich Dragan sehnsüchtig: „Wann gehen wir wieder in eine Ausstellung?" – „Meinst du eine bestimmte Ausstellung?" – „Ja, ich will in die Walensky-Ausstellung gehen." – „Du meinst die Jawlensky-Ausstellung!" – „Ja, die meine ich." Und ohne Unterbrechung spricht er mit trauriger Stimme weiter: „Schade, daß er schon gestorben ist, ich bin so furchtbar traurig, o wie schade, er war so krank und hat sich nicht mehr bewegen

können, der Arme!" Wehmütig singt er vor sich hin: „Jawlensky, o Jawlensky..."

Ein paar Tage später: Dragan zu mir: „Du, weißt du, was ich werde, wenn ich groß bin?" – „Nein, das weiß ich nicht." – „Ich werde nämlich ein Künstler." – „Aha, das finde ich gut, und was für ein Künstler wirst du werden?" – „Ich werde natürlich ein Maler..., ich meine, so einer wie der Jawlensky." – „Du magst den Jawlensky gern?" – „Ja, sehr gerne... Meine Eltern erlauben es mir auch, daß ich ein Maler werde!"
Nachdenklich und sehr sorgenvoll seufzt Dragan: „Aber was machen wir mit der blöden Schule?" (Er kommt im Herbst zur Schule.)

Sprünge

Auf der großen Matte findet eine Turnstunde statt. Alex und Markus probieren verschiedene Sprünge aus, und es fehlt ihnen dabei nicht an Ideen. Jeder Sprung bekommt einen Namen und wird nach Ankündigung vorgeführt und erklärt. Sie erfinden eine Fülle verschiedener Sprünge, z.B.: „Bus-Sprung" – „Das sind die Räder, das ist der Bus." (Markus zeigt seine Körperteile.)
„Herzdrehsprung": „Da dreht sich das Herz bei mir beim Springen!"
Es folgen: Kurzflugsprung, Drehmaschinensprung, der verrückte Bildersprung, Zwergensprung, Pistolensprung, Hexenflug, Besensprung, Besen in der Luft, Taube in der Luft, Rettungssprung, Flieg-hoch-Sprung, Flugzeugsprung, Kampfflugzeugsprung, Sturzflugsprung, Fünfmal-Rolle, Panthersprung, Angstsprung, Indianersprung, Cowboysprung, Känguruhsprung, Popobumsersprung, Dreifachradsprung, Entdeckungssprung, Hochsprung, Dreimal-Purzelbaum, Clownssprung, Raketensprung, Drehhoppelsprung, Bauchlandungssprung.

Tägliche Leidenschaften

Höhlenbau und -spiel

Es vergeht selten ein Tag, ohne daß die Kinder eine oder mehrere Höhlen bauen. Meist entstehen zwei oder drei an einem Vormittag. Eine Zeitlang habe ich versucht, jede zu beschreiben und zu zeichnen; dadurch habe ich erst festgestellt, daß die Kinder höchst selten eine Höhle wiederholen. Als ich schon überzeugt war, daß es keine neue Möglichkeit mehr gibt, haben die Kinder wieder „etwas noch nie Gesehenes" hergestellt. Sämtliche Veränderungen der Konstruktion, des Platzes, des Materials und der Formen sind tägliche Leidenschaften unserer Kinder.
Höhlenbau und Spielen in den Höhlen dauern oft den ganzen Vormittag. Manchmal schafft es ein Kind, alleine eine Höhle zu machen, aber

meistens ist es eine organisierte Zusammenarbeit. Die Kinder sprechen sich ab, wo die Höhle gebaut werden soll, wie viele Decken sie brauchen (viele!), wie groß die Höhle sein soll, was noch zum Bau verwendet werden soll, und schließlich, welche Spielsachen sie in der Höhle zum Spielen brauchen. Für die vollständige Einrichtung einer Höhle wird oft die Hälfte des Inventars der Puppenecke an Ort und Stelle geschafft.

Im Laufe der Zeit tauchten verschiedene technische Schwierigkeiten auf. Nachdem die Dekken, Vorhänge und Tücher oft von den Tischen herunterrutschten, haben sie die Kinder mit Spielkästen befestigt. Die Spielkästen halten aber auch nicht alle Belastungen aus, und es war ärgerlich, ihren Inhalt, die versehentlich ausgeschütteten Spielsachen, wieder aufräumen zu müssen. Deshalb haben wir Wäscheklammern besorgt.

Für die Kinder ist es besonders wichtig, daß es in der Höhle dunkel ist und daß sie dafür ausreichende Decken haben. Nach Wunsch bekommen sie eine Taschenlampe. Die Taschenlampe ist ein sehr beliebtes Spielzeug; dementsprechend sorgfältig gehen die Kinder mit ihr um.

Regeln:

1. Die Höhlen dürfen überall gebaut werden (auch unter dem Waschbecken, nicht jedoch auf Kommoden und Schränken).
2. Die Kinder, die eine Höhle gebaut haben, entscheiden, wer noch mitspielen darf.
3. Eine verlassene Höhle darf neu bewohnt werden. Vorher sollen sich die Neubewohner erkundigen, ob die Höhle wirklich verlassen ist. Manchmal sitzen die Kinder, die die Höhle gebaut haben, gerade nur kurz am Brotzeittisch.
4. Die Tische für den Höhlenbau werden getragen, nicht geschoben (Schieben tut weder den Tischen noch dem Boden gut).
5. Eine zweite Etage (Stühle auf dem Tisch) ist eine Ausnahme (je nach Kindergruppe und Personal)!
6. Die Kinder dürfen in der Höhle und auf dem „Dach" Brotzeit machen (siehe Brotzeitregeln).
7. Raufen und Springen auf den Tischen (Höhlendach) sind wegen der Unfallgefahr verboten.

Material:

Für den Höhlenbau verwenden die Kinder:

- Tische, Stühle, Dreiecktreppe, Holztrennwand, Bretter,
- Decken, Vorhänge, Tücher,
- Polster, Stoffschlangen, Matten, Teppichfliesen,
- Eierschachtelwände, Kartons,
- Spielkisten, Spielzeugkästen,
- Plastikbadewanne, trockene Pflanzen, Taschenlampe,
- Wäscheklammern, Tesa-Krepp, Wolle.

Die Decken, Vorhänge und Tücher sind von 50 x 100 cm bis 220 x 270 cm groß. Beim Dekkenzusammenlegen (Aufräumen) sind die Kinder sehr geschickt, weil es täglich gemacht wird. Größere Teile werden von zwei oder drei Kindern zusammengelegt, kleinere schafft ein Kind alleine.

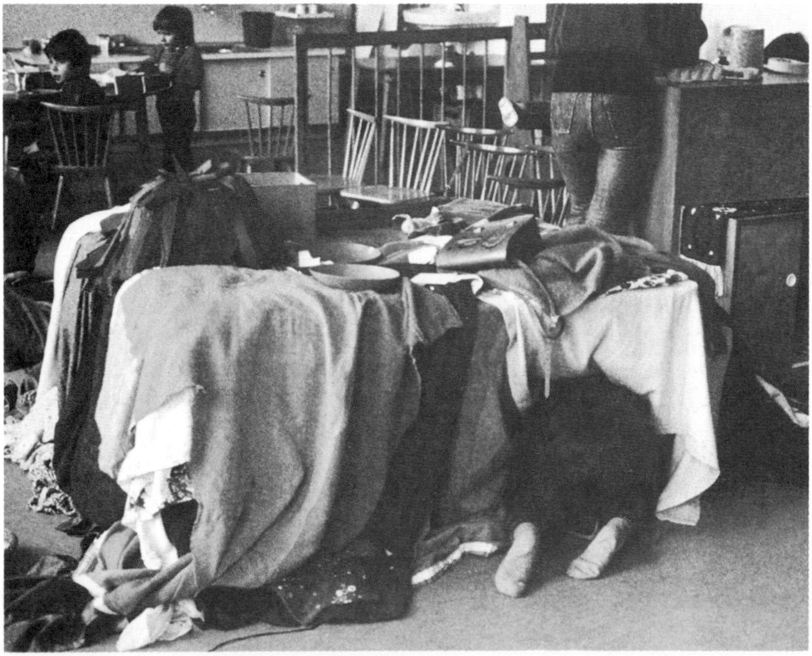

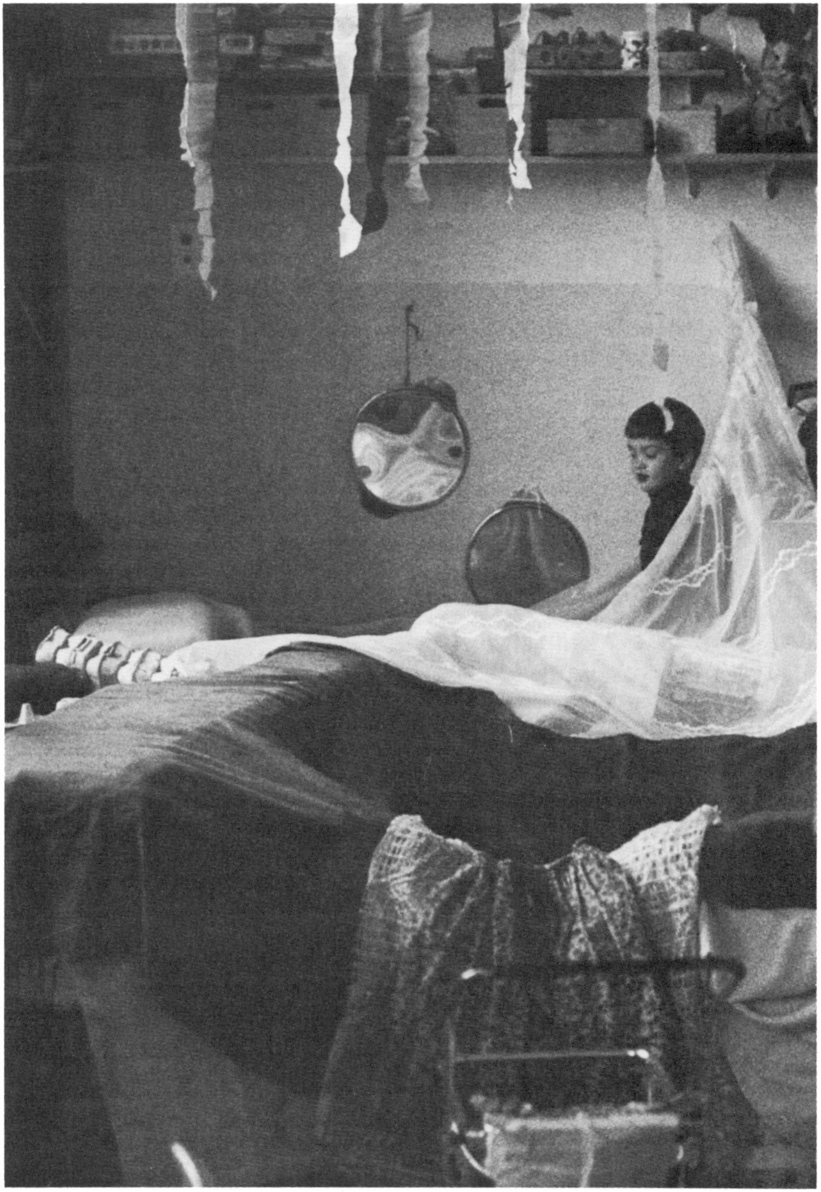

Zeichnen und Malen während des Freispiels

Es wird fast täglich während des Freispiels gemalt, geschnitten oder geklebt.
Aus Platzmangel ist es leider nicht möglich, mehr als vier Kinder zur gleichen Zeit mit Wasserfarben malen zu lassen. Wenn aber mehrere Kinder das „Malfieber" überfällt, dann wird das Freispiel abgebrochen, und es entsteht eine Malaktion. Diejenigen, die nicht malen wollen, können in der Bauecke, Puppenecke oder in einer anderen abgegrenzten Fläche des Raumes spielen.
Wir versuchen, die Kinder in keiner Weise zu beeinflussen, weder in der Farbwahl noch in der Größe oder Menge der Papiere, die sie verbrauchen. Manchmal wird „sinnlos" viel Papier übereinander geklebt, gefaltet, geknüllt oder zerrissen! Auch wird viel Papier „verschmiert"!
Am Maltisch entstehen oft sehr intensive Gespräche. Während dieser Unterhaltungen geschieht das Malen nebenbei.
Das Malen erfordert meist größte Konzentration und Durchsetzungskraft, denn während des Freispiels wird man ständig durch die Angebote um einen herum abgelenkt oder zum Zuschauen verleitet. Oft kommen Freunde und laden einen zum Mitspielen ein, aber man möchte gerne sein Bild fertigmalen!

Wichtig!
Wenn Kinder malen, ist das nicht immer eine Beschäftigung, um die man sich nicht kümmern muß!
Es schleichen sich „Malhemmer" ein:
„Das hast du falsch gemalt!"
„Das ist ein Fehler!"
„So geht kein Hund, man malt ihn anders!"
„Du malst Kritzi-Kratzi!"
„Pfui, das ist scheußlich, was du malst!"
Tomi stellt etwas ironisch fest: „Die Susanna hat zwei Sonnen auf ihr Bild gemalt. Susanna, die sehr unsicher ist, versteht, wie die Äußerung von Tomi gemeint war. Sie zieht ihre Mundwinkel nach unten, zieht ihren Kopf ein und läßt ihren Stift aus der Hand gleiten. Ich sitze am selben Tisch und stelle ebenfalls fest: „Ja, das stimmt, Susanna hat zwei Sonnen auf ihr Bild gemalt. Sie sehen lustig aus und sind blau; da haben noch viel mehr Sonnen Platz. Man kann auch ein Bild mit sehr vielen Sonnen malen, dann ist es vielleicht ein Sonnenbild!" Tomi schaut noch etwas skeptisch, setzt sich aber doch an den Tisch, um zu malen. Susanna nimmt entschlossen ihren Stift und vollendet ihre Zeichnung. Freudestrahlend füllt sie jede Ecke des Bildes mit einer Sonne aus.

Regeln: Malunterlage verwenden!
Die Filzstifte sollen nicht ohne Verschlußkappe herumliegen.
Zur Verfügung stehen:
Verschiedene Größen von Papieren, auch bunte; Buntstifte, Filzstifte, Wachsmalkreiden, Wasserfarben, Grafitstifte; Malhefte (Schulhefte DIN A4).

Claudia ist während der ersten Monate im allgemeinen noch etwas unsicher. Sie malt fast täglich, aber anschließend löscht sie ihre Zeichnung mit einem Löschstift aus, oder sie wirft ihr Blatt in den Abfalleimer, oder sie faltet es und läßt es schnellstens in ihrer Tasche verschwinden. Endlich gelingt es meiner Kollegin, ein Blatt vor der Vernichtung zu retten, und ich höre ihre aufmunternden Worte: „Das ist ein

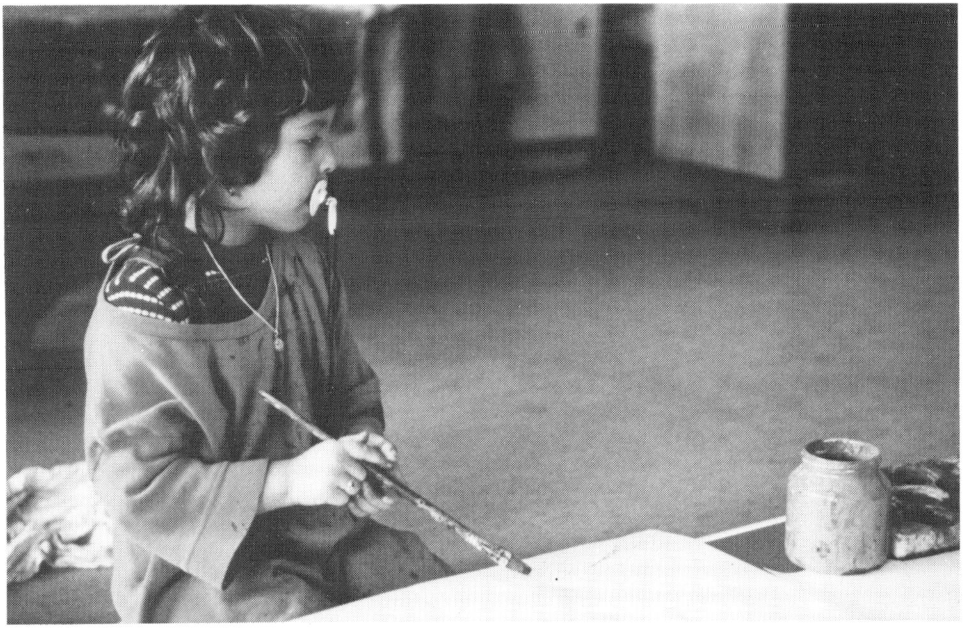

Malen – Kleben – Schneiden

sehr schönes Muster. Das sieht aus wie ein Krokodil" (normalerweise loben wir die Kinderzeichnungen nicht extra!). Claudia geniert sich etwas und meint: „Nein, das ist ganz blöd." Trotzdem malt und klebt sie an diesem Blatt weiter. Anschließend wird das Werk mit ihrem noch zaghaften Einverständnis aufgehängt. Andere Kinder sehen es und finden es auch schön. Seit dieser Zeit wirft Claudia keine Zeichnungen mehr weg oder verheimlicht sie vor den anderen Kindern. Sie nimmt auch viele mit nach Hause, denn dort werden alle liebevoll in einer Malmappe gesammelt.
Wenn Claudia mal einen unsicheren Tag hat, dann erlaubt sie es nicht jedem, während des Malens neben ihr zu sitzen. Verständlicherweise kann sie dann keine Kinder brauchen, die sie eventuell kritisieren. Solche Tage genießt Milijana (3½ J.), die voller Bewunderung neben ihr oder sogar vor ihr auf dem Tisch sitzt. Manchmal darf Milijana auch mit Claudias „Schulstiften" malen oder sogar sich mit auf ihrem Blatt verewigen. Soviel Ehre kann sie selbst kaum fassen!

Kinder hören auch beim Malen: Claudia: „Wenn ich mit diesem Stift (dicker Filzstift) male, dann hört sich das an wie das Zirpen einer Grille. In Italien habe ich oft Grillen gehört!"
Alle Zeichnungen werden aufgehoben und auf der Rückseite mit dem Namen und einem eventuellen Kommentar des Kindes beschriftet.

Kontakte

Sich wieder neu eingliedern

Jasmin war ein paar Wochen nicht im Kindergarten; sie war im Krankenhaus. Das sonst sehr kontaktfreudige Mädchen fühlt sich heute gar nicht wohl. Sie hat ein Schmusetier dabei und kommt zu mir auf den Schoß. Susanna setzt sich auch gleich dazu. Ich habe beide Kinder auf dem Schoß, aber ich konzentriere mich nicht nur auf sie, sondern auch auf den Rest der Gruppe; die Kinder sind heute etwas unruhig. Jasmin versucht intensiven Kontakt mit mir aufzunehmen, sie streichelt mich mit ihrem Tier, läßt es unter meinen Pullover schlüpfen: „Schau, jetzt friert es nimmer!" Ich lächle sie an und gebe ihr zu verstehen, daß ich für sie da bin und mich freue, daß sie endlich wieder hier ist, daß ich mich aber auch um die anderen Kinder kümmern muß. Ich halte sie fest in meinem Arm, aber das genügt ihr heute nicht, sie will meine ganze Aufmerksamkeit: „Kannst du das lesen?" Sie zeigt mir das Etikett von ihrem Schmusetier. Susanna hält sich zurück, beobachtet Jasmin und gibt kaum einen Kommentar ab. Jasmin möchte, daß ich mit ihr „Hoppe, hoppe, Reiter" spiele; als ich nicht auf ihren Wunsch eingehen kann, sagt sie Gedichte auf, d.h. Verse und Gebete. Ich höre zu, aber nicht aktiv genug; jetzt fängt sie an zu singen, ein Lied nach dem anderen, und denkt sich noch neue dazu aus. Milijana kommt von hinten und umarmt mich zärtlich. Ich lasse es geschehen, denn noch habe ich den Überblick über die Gruppe. Jasmin ist eifersüchtig und neckt Milijana mit ihrem Schmusetier, worauf diese bald wieder verschwindet und begeistert in der Puppenecke landet. Susanna bewundert das Lied-Repertoire von Jasmin (Weihnachtslieder sind auch dabei). Andere Kinder brauchen meine Hilfe, und ich bitte die beiden, von meinem Schoß zu gehen. Susanna geht und macht Brotzeit; Jasmin holt sich einen Stuhl, in der Hoffnung, daß ich wieder zurückkomme. Ich komme wieder, aber sie sitzt inzwischen auf dem Schoß meiner Kollegin. Nach ein paar Minuten ist meine Kollegin sehr beschäftigt: das Telefon und eine Konfliktregelung. Ich suche mit meinen Blicken nach der einsamen Jasmin. Sie sitzt in der Puppenecke und läßt sich bedienen. Wir lächeln uns zu (und das tun wir noch öfter an diesem Vormittag). Sie ist bald mitten im Spiel, hat es wieder alleine geschafft, Kontakt mit den anderen Kindern aufzunehmen.

Liebeskummer

Szene 1

Tomi und Dragan sind in Nicole verliebt. Sie spielen zusammen. Tomi merkt, daß Nicole dem Dragan mehr Aufmerksamkeit schenkt.

Er legt sich auf den Boden hin: „Jetzt bin ich tot, jetzt mußt du weinen!" Die Forderung ist an Nicole gerichtet.

Sie wirft sich auf den Boden neben „den Toten" und trauert. Tomi hat sein Ziel (die Aufmerksamkeit) erreicht und lächelt vergnügt. Dragan fühlt sich nicht betroffen und kümmert sich ebenfalls um Tomi.

Szene 2

Nima und Claudia spielen miteinander. Nachdem Jasmin gerade gekommen ist, will Claudia mit ihr spielen. Nima hat etwas dagegen. Ein Streit bricht aus.

Ich: „Was ist denn passiert?"

Nima: „Claudia will nicht mehr mit mir spielen."

Claudia: „Ich spiele jetzt mit Jasmin, aber du bist trotzdem mein Freund."

Nima (zu mir): „Ich will, daß sie mit mir spielt!"

Claudia: „Ich will jetzt mit Jasmin spielen, und nachher spiele ich wieder mit dir."

Ich: „Also, jetzt spielt sie mit Jasmin, und dann wieder mit dir?"

Nima: „Mit mir hat sie aber wenig gespielt. Ich mag nicht, daß sie mit anderen länger spielt!"

Kontaktaufnahme

Georgia kommt heute erst um 9 Uhr in den Kindergarten, und ihre Freundinnen spielen bereits in der Puppenecke. Schüchtern nähert sie sich der Gruppe und schaut, ohne zu fragen, ob sie mitspielen darf. Sebastian sitzt neben mir auf einem der Tische, am Rande der Puppenecke. Er schaut dem Geschehen in der Ecke schon eine halbe Stunde zu. Entweder beobachtet er lieber, oder er findet nicht den Mut, sich am Spiel zu beteiligen. Jedenfalls interessiert er sich sehr für diese Gruppe, und nichts, was sonst im Raum passiert, lenkt ihn ab.

Jasmin entdeckt die sich zierende Georgia und fragt sie, ob sie mitspielen will. Sebastian, der schon viel länger zuschaut, wird nicht gefragt. Georgia ist zwar körperlich in die Gruppe aufgenommen, aber innerlich noch so gehemmt und schüchtern, daß sie im Spiel etwas am Rande steht. Sebastian beobachtet die Situation und nützt sie aus. Langsam, fast im Zeitlupentempo, läßt er sich unauffällig von seinem Platz auf den Teppich der Puppenecke heruntergleiten. Es sieht so aus, als würde er versehentlich in der Puppenecke landen. Er ist am Ziel, aber niemand bemerkt ihn, nur Georgia, die ihn schon lange sehr verehrt. Beide bleiben in der Puppenecke, bilden eine eigene Gruppe und sind selig!

Wir brauchen keine Hunde!

Ferienzeit. Es ist halb neun, nur wenige Kinder sind da. Die Bauecke ist schon eine halbe Stunde bewohnt; an der Wand gegenüber wächst eine Höhle. In der Höhle üben Tomi, Milijana und Elena ihre Schlafbedürfnisse aus. Rasch und plötzlich wird Elena wach und geht spazieren. Tomi und Milijana bleiben „zu Hause" und lesen ein Bilderbuch. Elena kommt nach einigen Minuten zurück, aber die „Türe" ist verschlossen. Sie findet keinen Anschluß mehr, aber sie gibt nicht auf. Der alte Trick aus dem Märchen „Der Wolf und die sieben Geißlein" wird verwendet: Elena kommt als Hund und klopft an die „Türe".
Elena: „Gell, Tomi, ich soll euer Hund sein?"
Tomi: „Wir brauchen keinen großen Hund!"
Elena: „Ich soll doch ein kleiner Hund sein!"

O weh, es klappt nicht! Tomi bleibt hart, und Elena fühlt sich betroffen. Weinend kommt sie zu mir auf den Schoß und beschwert sich. (Ihr Blick ist schon in der Bauecke.) Vielleicht brauchen sie andere „Tiere"?, frage ich, aber Elena hüpft von meinem Schoß herunter und geht in die Bauecke zu Stefan und Christof.
Elena: „Darf ich mitspielen?"
Stefan: „Nein."
Christof: „Ja."
Was soll sie sich jetzt denken?
Sie darf doch bei Christof mitspielen. Das hat Tomi aus seiner Höhle beobachtet, und es wird ihm schwarz vor den Augen vor Eifersucht! Nun hat er gelernt, sich zu beherrschen und überlegt zu handeln. Er schleicht sich vorsichtig auf allen vieren in Richtung Bauecke und bleibt lautlos in der Ecke zwischen Schrank und Wand stehen. So hat er, zwei Meter von seinem Ziel entfernt, einen guten Überblick. Es ist ziemlich klar, daß Elena noch nicht ganz ins Bauen vertieft ist, und der entscheidende Schritt wird unternommen.
Tomi kommt näher, bellt, hebt zwei „Vorderpfoten" hoch vor sich hin und schnuppert an Elenas Nase. Sie antwortet mit Schnuppern und Bellen. Tomi kehrt „nach Hause" in die Höhle zurück (es ist nicht leicht, sich umzudrehen und zu gehen, in der Hoffnung, daß der andere nachkommt), und Elena entschließt sich mitzugehen.

Sich einigen durch Reden und Verhandeln

Claudia spielt mit Nina und Franz in der Puppenecke. Wolf (5) steht noch außerhalb und fragt: „Du, kann ich mitspielen?" Claudia überlegt nur ganz kurz: „Gut, aber was willst du sein?" Wolf: „Ein Hund!" Claudia: „Das geht nicht, wir brauchen einen Vater, also kannst du nur noch der Vater sein!" Wolf: „Ja, also gut, ich bin der Vater." Zufrieden betritt er die Puppenecke.

„Kein Gelach und kein Gekrach!" – Kasperltheater

„Hinsetzen, verdammt noch mal!" brüllt der Kasperl durch die Gegend. Trotz dieses scharfen Befehls ist das Publikum weiter unruhig. Alexander schnauft und dreht die Augen in alle Himmelsrichtungen. Er hat mit Kristina das Theater gebaut und die Stühle hergerichtet; er hat zahlreiches Publikum, aber das Publikum ist zum Verzweifeln laut.
„Kein Gelach und kein Gekrach!" lautet sein weniger autoritärer Versuch, Ruhe zu schaffen. Das ist eine selbstausgedachte, gekonnte Version eines anderen Spruchs: „Kein Gesumm und kein Gebrumm, drum rufe ich Silentium!", den meine Kollegin oft benützt, um auf spaßvolle Weise die Aufmerksamkeit der Kinder zu gewinnen.
Es wirkt wie ein Wunder: Die Zuschauer spitzen die Ohren und schauen alle in Richtung Bühne. Die Vorstellung beginnt.
Diesmal legt Alexander, alter Kasperltheatermeister, besonderen Wert auf den Kontakt mit den Zuschauern. Die Spielsachen, von Alexanders Assistentin Kristina sorgfältig vorbereitet, werden vom Kasperl an die Kinder ausgeteilt. Der Kasperl gibt auch die Spielaufgaben an: „Aus diesen Bausteinen sollt ihr ein Muster legen!" Oder: „Bringt mir alle roten Kugeln!"
Am Ende verzaubert er mit einem Tuch das Krokodil in eine Katze und den Hund in einen Löwen. Das Publikum hat viele Gründe für begeistertes Klatschen.

35 Minuten Spannung! Oder: Ich kann von Dominik lernen!

Seit 35 Minuten beschäftigt Dominik eine Gruppe von fünf Kindern (3–4 J.), ohne sie zu beherrschen. Er benützt nur zwei Tische, ein Brett, ein Gitter und ein Holzdreieck als Requisiten. Mit viel Gefühl und Einfühlungsvermögen geht er auf die Wünsche der Kinder ein. Er verwandelt sie in brüllende Löwen, in miauende Katzen, bellende Hunde usw. Sie bewegen sich dementsprechend und toben sich dabei aus. Sobald Dominik Gefahren wittert, funktioniert er das Spiel um: „Jetzt sollst du die Mutter sein und ihr die Kinder!" Er gibt ihnen zwar genaue Anweisungen, läßt ihnen aber viel Spielraum im Ausdruck und läßt sie ihre Ideen verwirklichen. Wenn Jasmin lieber ein Babylöwe sein will, dann ist dies erlaubt, obwohl es eigentlich nicht in die Geschichte paßt. Damit es nie langweilig wird, bringt Dominik all seine Ideen – Zirkus, Märchen, Familiengeschichten und eine Turnstunde – an den Mann! Das Spiel hat soviel Spannung, daß es Zuschauer gibt und Senad (6 J.) fragt, ob er mitspielen darf. Für Dominik ist es eine große Ehre, daß der selbstbewußte, große Senad unter seiner Regie sich an diesem Spiel beteiligen will. Aufgeregt versucht Domi-

Dominik verwandelt alle Kinder in ihre Lieblingstiere.

Dominik demonstriert, wie die Kinder als „Zirkustiere“ vorsichtig vom Tisch über das Brett hinunterrutschen sollen.

nik, seine Unsicherheit mit lautem Husten und Räuspern zu verdecken. Mit einem Baustein lockt er sechs Kinder durch den Raum: „Kommt, kommt, ihr Lieben, kommt immer mir nach, nein, hierher, ja, immer mir nach!“ Alle folgen ihm, und ich habe fast den Eindruck, daß er es selber nicht fassen kann. Er läßt sich nichts entgleiten, er hat alle in seinem Bann; trotzdem sind alle fröhlich, bewegen sich viel und genießen das Spiel. Keiner „steigt aus“, denn jeder wird ernst genommen, und auf alle Einfälle der Beteiligten wird eingegangen.

Empfang

Alex H. war drei Wochen nicht im Kindergarten.

Er kommt in den Raum mit einem grünen Frosch (Handpuppe) und schaut sich um. „Ei, wo warst du so lange?“, möchte sein Freund wissen.
Alex H. antwortet nicht und rührt sich nicht. Der Freund ist ein bißchen verunsichert und weiß nicht, was er jetzt anfangen soll. Er streckt die Zunge heraus, zupft an dem Frosch, zieht Alex

an seinem Pulli. Nachdem sich Alex gegen diese Kontaktaufnahme nicht wehrt, traut sich sein Freund, ihn zur Deckenkiste zu verschleppen. Alex kriegt einen Ehrenplatz in der Deckenkiste und wird nach seinen Wünschen gefragt.
Nach einem solchen Empfang kann es ihm nicht schlechtgehen!

„Kinder spielen ja nur“

„Jetzt mach ich ihn kalt!“

Andreas, Markus und Manuel sind drei Kinder, die im Herbst zur Schule gehen werden und zur Zeit innige Freunde sind. Heute haben sie ein Losgeschäft eröffnet. Sie haben Regeln, die sie mir erklären: Es gibt viele zusammengelegte Papiere. Auf verschiedenen Zetteln gibt es Zeichen, z. B. einen Buchstaben, eine Zahl oder einen Namen. Je nachdem gibt es einen Gewinn. Bei „U“ gibt es ein Funkgerät (einen Baustein), bei einem Namen gibt es einen Plastikball, bei einer Zahl gibt es Geld. Drei Lose kosten 1 DM. Es gibt auch leere Zettel, das sind „Nieten“.
Ich kaufe auch ein paar Lose, denn bittende Blicke und laute Zurufe „Lose zu verkaufen, Leute, kauft Lose!“ bedrängen mich sehr. Die Gewinnchancen werden erweitert, es gibt jetzt auch noch Schmusetiere. Trotzdem scheint das Losgeschäft nicht zu florieren, denn die Kinder funktionieren das Spiel um. Andreas verlangt die „Polizeikiste“. (Es ist eine Schachtel mit Stempelzahlen und -buchstaben, Stempelkissen, Stiften und ein paar Zetteln, die die Kinder in den letzten Tagen benützten, um ein Polizeibüro zu eröffnen.)
Nun wird wieder ein Büro gebaut; Schlüssel werden verlangt, um es abzusperren. Autos werden gebaut, Arbeiten verteilt.
Im Büro wird gestempelt, geschrieben, notiert, Listen werden hergestellt, Formulare verwendet und Bücher mit Geheimfächern entwickelt. Die Autos werden umgebaut zu Feuerwehr-, Polizei-, Kranken- und Privatwagen. Markus erklärt den Sinn und Zweck von jedem Wagen. Er wird von den anderen unterbrochen; sie sind nicht einverstanden. „Der Krankenkasten gehört in den Krankenwagen, und ein Schlüssel gehört auch dazu.“ „In deinem Auto gibt es gar kein Löschgerät.“ „Doch, doch, wer das Haus angezündet hat, ist schuld. Halt, ich brauche noch eine Gasmaske.“ Markus holt sich schnell einen langen Baustein. „Das ist meine Maske.“ Alle drei holen sich Gasmasken. Die Masken werden umfunktioniert: Sie sind zugleich noch Funkgeräte.
Die Kinder üben, wie man am besten aus dem Haus springt, wenn es brennt! Manuel ist der „Löschmann“, er hat die blaue 1½ Meter lange Stoffschlange in der Hand und versucht, die Flammen zu bändigen. Er läßt sich auf den Boden fallen: „Oh, der Löschmann ist von der Leiter gefallen, wie er gelöscht hat!“ Markus unter-

bricht: „Schnell, gib den Notarztkoffer, der Verletzte braucht eine Herzspritze!“ Der Verletzte wird in das Krankenhaus gebracht. Manuel liegt auf dem Operationstisch. Ich werde gerufen. Aufgeregt erklären mir Andreas und Markus: „Schau, das ist der Feuerwehrwagen mit zwei Sprungmatten, einer Leiter und Schläuchen; sogar einen Schreibtisch gibt's im Auto, außerdem ein Funkgerät und einen Schlüssel!“ Sie demonstrieren mir, wie der Verletzte, der auf dem Operationstisch liegt, versorgt wird: „Hier ist die Medizin (zeigt ein Fläschchen), da ist ein Trinkgefäß. Er hat Verbrennungen, er ist *tödlich* verletzt, *jetzt mach ich ihn kalt!*“ Andreas reibt vorsichtig mit einem Topf aus der Puppenecke über den Bauch, um die Verbrennungen zu kühlen.
10.25 Uhr: Das Trio sitzt erschöpft am Pausetisch. 10.30 Uhr: Das Spiel geht weiter! Auf dem Plan stand eigentlich eine „Förderung“. Wieder bringe ich es nicht fertig, das Spiel zu unterbrechen, um ihnen etwas „Gescheiteres beizubringen“! Die drei Freunde spielen schon seit 8.30 Uhr zusammen.

Manuel genießt es sehr, die Rolle des Verletzten zu spielen. Er hat vor ein paar Wochen schwere Verbrennungen erlitten. Im Moment wird er gerade am Blinddarm operiert. Markus assistiert; er weiß ganz genau, wo der Blinddarm liegt. Wasser wird hin und her geschüttet. Es sieht nach einem „Tropf“ aus. Markus zu Andreas: „Hier ist ein neues Gerät (Baustein) zum Untersuchen, mit einer Lampe, daß man durch den Bauch sehen kann.“ Manuel läßt mit Hochgenuß weiter an sich herumoperieren. Andreas: „Das Herz muß operiert werden, eine Glasscherbe ist drinnen!“

Andere Kinder kommen dazu und lassen sich genauestens aufklären. Geduldig geben der Arzt und seine Helfer alle gewünschten Erklärungen ab. Jeder Knopf an den „Geräten“ wird erwähnt, sämtliche Funktionen werden probiert und gezeigt.
Ich bemerke den Übergang des Rollenwechsels nicht. Markus wird gerade in einem Krankenwagen „herumgefahren“ (das Auto besteht aus Stühlen). Manuel ist der Fahrer. Markus läßt sich auch operieren, ist aber kitzlig und muß furchtbar lachen.
Dominik nimmt Kontakt mit dem Team auf: „Ich wohne in der... Hört ihr mich, ich wohne in der... Ich wohne in der...“ Keiner bemerkt ihn oder will ihn bemerken. Ein paar Minuten später: „Wollt ihr Teppiche?“ Wieder keine Antwort. Er gibt es momentan auf und schaut sehr interessiert zu, wie die Behandlung des Patienten vor sich geht. Doch nach ein paar Augenblicken erscheint er wieder mit einem roten Plastikmesser und bietet es an: „Braucht ihr ein Messer?“ Er sucht immer wieder nach neuen, attraktiven Gegenständen, aber das Trio läßt keine Einmischung zu. Und Dominik respektiert es offensichtlich; er wird ruhig und gibt sich mit der Rolle des Zuschauers zufrieden.
11 Uhr: Ich frage Markus, ob sie rausgehen wollen. Sehr oft wird ein Spiel mit Freuden abgebrochen, wenn das „Rausgehen“ angekündigt wird. Markus entscheidet über mein Angebot nicht alleine, sondern bespricht es mit Andreas und Manuel. Ich schlage das Angebot nochmals laut vor, damit mich alle Kinder hören. Ein paar Kinder räumen schnell auf und gehen in den Garten. Manuel, Markus und Andreas ziehen es vor, trotz ihres sonstigen Drangs nach Bewegung, im Zimmer zu bleiben.

Ich kann nicht weiter beobachten, denn das Telefon und ein paar Hausarbeiten rufen mich. Nur einige Augenblicke, um mich zu versichern, daß auch wirklich nichts passiert, lassen mich ihr Spiel weiter verfolgen. Inzwischen haben sie sich einen Plastikherd (ist für den Sandkasten gedacht) organisiert, um für die „Mannschaft" zu kochen. Sie essen, fahren Auto, kochen: Es gibt anscheinend keine Verletzten mehr. Der Konzentration nach gehen ihnen neue Inhalte für das gemeinsame Spiel nicht aus. 11.45 Uhr: Der Tisch muß gedeckt werden, weil wir um 12 Uhr essen sollten. Sie lassen das Auto schlicht und einfach explodieren. Das Spiel ist aus und auch gleich alles aufgeräumt!

Pantomimenspiel

Tomi versammelt ein paar Kinder um sich, die schon mit dem Aufräumen fertig sind, und richtet eine Frage an sie: „Wer will ein Hase sein?" Ein paar Kinder melden sich freudig: „Ich, ich, ich." In eine Papprolle sprechend (= Mikrofon), befiehlt er den Hasen, in die Mitte des Kreises zu kommen. Sie machen ein paar Kunststücke und kriechen unter einen Stuhl. Nach einem kurzen „Löwenauftritt" sind die Hasen wieder an der Reihe. Tomi wird es etwas zu undiszipliniert und unruhig, aber er fordert sie nicht auf, ruhig zu sein, sondern verwendet einen Trick: „Alle Tiere, die schlafen, bekommen eine Überraschung von mir!" (Von uns hat er das nicht, daß Wohlverhalten belohnt wird!) Wie vom Blitz getroffen, fallen alle Tiere um, regungslos liegen sie auf dem Boden. Tomi schleicht sich zu den Schubladen, öffnet eine und entnimmt pantomimisch einige Gegenstände. Er schließt die Schublade und flüstert: „Ich komme gleich!" Jedem Tier legt er eine Überraschung auf den Rücken. Hasen und Löwen greifen mit ihren Pfoten auf ihren Rücken, um das Versprochene zu ergreifen. Keine Enttäuschung, sie machen das Pantomimenspiel begeistert mit. Sie lutschen und schlecken an der Überraschung, und Alex steht auf, geht an die Schublade und erfüllt sich (immer noch pantomimisch) weitere Wünsche. Tomi erlaubt das nicht und beordert ihn auf seinen Platz zurück. Das Pantomimenspiel geht weiter. Die Tiere springen durch brennende Reifen, balancieren, fressen und schlafen. Sie haben keinerlei Requisiten zur Verfügung und brauchen sie auch nicht.

Anmerkungen

[1] Eine übersichtliche Darstellung der verschiedenen Spieltheorien bietet Rudolf Wegmann, Spiel als Lebenshilfe. Neue Aspekte für Erzieher und Eltern, München 1980 (inzwischen vergriffen).

[2] Die folgende Geschichte von Senad ist dafür ein gutes Beispiel: Senad hatte nicht deshalb Schwierigkeiten im freien Spiel, weil ihn seine Eltern so fördernd und fordernd erzogen haben; seine Problematik entstand aus einer bestimmten Konstellation (das passiert oft, und es gibt da keine „Schuld"; wie man überhaupt eine Frage nach Schuld vermeiden sollte, da sie nichts bringt und nur schadet).
Senad spielte, bis er in den Kindergarten kam, viel mit seiner älteren Schwester; die Geschwister mochten sich sehr gern. Nun ist es ganz natürlich, daß das ältere Kind mehr der bestimmende Teil ist und das jüngere sich eher anschließt. Dabei ist weder das ältere Kind „böse" noch das jüngere „dumm". Vermutlich hat Senad seine spätere Kreativität z.T. dieser emotional günstigen Zeit zu verdanken.

[3] Célestin Freinet, Pädagogische Texte. Mit Beispielen aus der praktischen Arbeit nach Freinet. rororo Sachbuch (TB) 7367, S. 25. (Freinet zitiert diesen Satz, der eine treffende Charakterisierung seiner Pädagogik darstellt, nach eigener Angabe aus der Zeitschrift „L'Enseignement public".)

[4] Vgl. Erich Fromm, Haben oder Sein. dtv (TB) 1490.

[5] Célestin Freinet, a.a.O., S. 109, 111.

[6] Vgl. Werner Lachenmaier, Welche Chancen hat der Kindergarten? In: Kindergarten heute 1/1983, S. 3–9.
Vgl. auch Gisela DITTRICH/Lore MIEDANER/Kornelia SCHNEIDER (Hrsg.): Auswirkungen des Sozialabbaus im Kindergarten- und Kindertagesstättenbereich. Dokumentation einer Arbeitstagung im Deutschen Jugendinstitut vom 7. bis 9. Juni 1982. Zu beziehen über: Deutsches Jugendinstitut, Saarstraße 7, 8000 München 40 (DM 12,–).

[7] Célestin Freinet, a.a.O., S. 25.

[8] Jean Piaget, Theorien und Methoden der modernen Erziehung. Fischer TB Nr. 6263, S. 63f.

[9] Célestin Freinet, a.a.O., S. 25.

[10] Michael Ende, Momo. Verlag K. Thienemanns, Stuttgart 1973, S. 216–217.

[11] Verfassung des Freistaates Bayern, Dritter Hauptteil: Das Gemeinschaftsleben. 2. Abschnitt: Bildung und Schule, Art. 131 (2).

[12] Bayerisches Kindergarten-Gesetz, Verordnung über die Rahmenpläne für anerkannte Kindergärten (4. DVBayKiG) vom 25. September 1973 (GVBl. S. 575) 2. Abschnitt, § 3. Allgemeine Grundsätze (1), Satz 2.

[13] Vgl. Heftthema b:e betrifft: erziehung 5/1973, S. 16ff. „Der heimliche Lehrplan." Was *wirklich* gelernt wird.

[14] Vgl. Erich Fromm, Anatomie der menschlichen Destruktivität. rororo Sachbuch 7052 (TB).

[15] Alice Miller, Am Anfang war Erziehung. Suhrkamp TB (st) 951.

[16] Alice Miller, a.a.O., S. 15.

[17] Erich Fromm: Die Seele des Menschen. Ihre Fähigkeit zum Guten und zum Bösen. Ullstein Materialien (TB) 35076, v.a. das 1. und 6. Kapitel.

[18] Alice Miller, a.a.O., S. 122.

[19] Alice Miller, Du sollst nicht merken. Suhrkamp TB (st) 952, S. 125ff.

[20] Erich Fromm, Haben oder Sein, a.a.O., S. 134ff.

[21] Erich Fromm, Haben oder Sein, a.a.O., S. 89ff.

[22] Claparèdes, in: Jean Piaget, a.a.O., S. 126.

[23] Erich Fromm, Haben oder Sein, a.a.O., S. 82.

[24] Célestin Freinet, a.a.O., S. 28.

[25] Alice Miller, Du sollst nicht merken, a.a.O., S. 126.

[26] Alice Miller, Du sollst nicht merken, a.a.O., S. 124f.

[27] Erich Fromm, Die Seele des Menschen, a.a.O., S. 48–53.

[28] Alice Miller, Am Anfang war Erziehung, a.a.O., S. 82.

[29] Alice Miller, Am Anfang war Erziehung, a.a.O., S. 119.

[30] Vgl. Alice Miller, Am Anfang war Erziehung, 1. Kapitel.

[31] Jean Piaget, a.a.O., S. 62.

[32] Thomas Gordon: Familienkonferenz. Die Lösung von Konflikten zwischen Eltern und Kind. Hoffmann und Campe, Hamburg 1972 / rororo Sachbuch (TB) 7347.

[33] Erich Fromm, Die Seele des Menschen, a.a.O., S. 158.

[34] Vgl. Thomas Gordon, a. a. O., S. 25 ff.

[35] Vgl. Thomas Gordon, a. a. O., S. 30 ff.

[36] Wulf Weinmann und Werner Rehbein von der „mtt – Beratung, Training, Organisationsentwicklung GmbH" bei einer Fortbildung der Stadt München (Pädagogisches Institut) 1972.

[37] Vgl. Thomas Gordon, a. a. O., S. 56 ff.

[38] Thomas Gordon, a. a. O., S. 52.

[39] Thomas Gordon, a. a. O., S. 41.

[40] Thomas Gordon, a. a. O., S. 48 ff.

[41] Thomas Gordon, a. a. O., S. 37.

[42] Vgl. Thomas Gordon, a. a. O., Kapitel 6.

[43] Vgl. Thomas Gordon, a. a. O., Kapitel 3.

[44] Thomas Gordon, a. a. O., S. 59 (Hervorhebung bei Gordon).

[45] Thomas Gordon, a. a. O., S. 71.

[46] Thomas Gordon, a. a. O., S. 39.

[47] Thomas Gordon, a. a. O., S. 38.

[48] Thomas Gordon, a. a. O., S. 134 f. und Kapitel 11.

[49] Thomas Gordon, a. a. O., Kapitel 11.

[50] Thomas Gordon, a. a. O., S. 17.

[51] Alexander Mitscherlich, Die Unwirtlichkeit unserer Städte. edition suhrkamp 123, Frankfurt am Main 1965, S. 24.

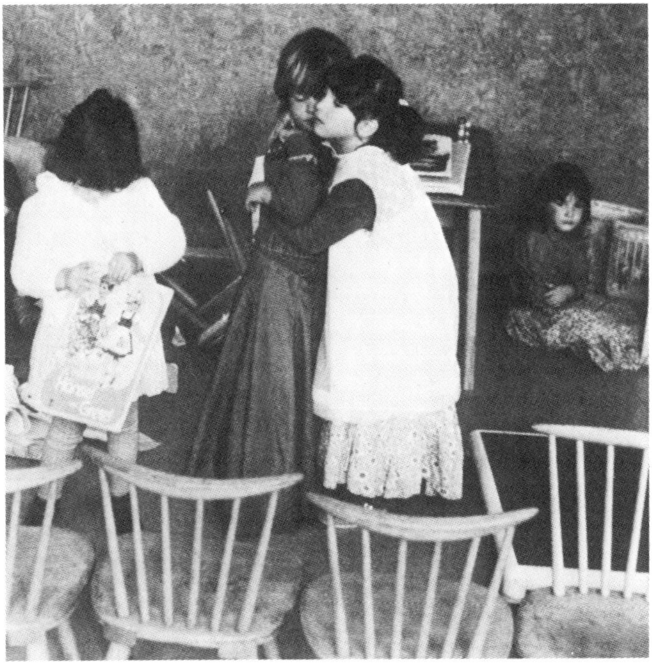